日本語を教えるための
第二言語習得論入門

著：大関浩美
監修：白井恭弘

はじめに

　「第二言語習得の授業では難しい理論をいろいろ勉強しましたが、日本語を教えるために本当に必要なことなんでしょうか。」これは、2年ほど前に、日本語教育能力検定試験合格を目指して勉強中のある方から聞かれた質問です。この一言が、本書を書こうと思うきっかけになりました。
　第二言語習得は比較的新しい分野で、日本語教育能力検定試験に「言語習得・発達」が含まれるようになったのもつい最近なので、筆者自身は、15年ほど前に日本語教師になったときには第二言語習得については何も知りませんでした。その後、大学院で第二言語習得という研究分野に出会い、その研究者となり、現在は大学院生や学部生に第二言語習得について教えながら、同時に、留学生に対して日本語を教えることも続けています。そのなかで強く感じていることは、<u>第二言語習得について知る前と今とを比べると、学習者や学習者の使う日本語を見る「眼」が全く変わった</u>ということです。
　教育現場では、毎日いろいろなことが起こり、考えなければいけないことに山ほど直面します。「何を」「どんな順番で」「どうやって」教えるかというのはもちろんのこと、「さっきは、あの学習者はなぜあんなふうに言ったのだろう」とか、「この間違いは直したほうがいいのだろうか」とか、「なぜ、あの学習者は受け身がいつまでも使えないのだろう」など、本当に毎日が考えなければいけないことの連続です。第二言語習得について知ったからと言って、「じゃあ、こう教えたらいい」と魔法のように答えが導き出されるわけではありませんが、これまでわかってきた成果からは、これらのことを考えるための「手がかり」がたくさん得られます。現場で考えるための「力」、学習者を観察するための「眼」が得られるのが、第二言語習得論なのです。
　本書は、第二言語習得の分野でわかってきたことの中から、日本語を

教える現場で授業についていろいろ考えたり、授業の中で起こった様々な現象について考えるときに、「こういうことを知っていたら助けになる」ことをわかりやすく紹介する目的で書かれています。第二言語習得についての研究の入門書というよりは、日本語を教える人やこれから教えてみたい人のために本当に必要なことに絞ってありますが、最新の研究成果なども入れてありますので、この分野の勉強や研究を始めたい人にとっての「最初の一冊」にもなる内容になっています。本書を読んで、この分野に興味を持ってくださった方は、もう少し詳しい入門書に進んでもらえるといいと思います。

　また、筆者自身が日本語教育に関わっていることから、本書は日本語を教えている人や教えてみたい人を対象に、具体的な例やエピソードは日本語教育現場のものを豊富に入れて書いていますが、第二言語習得という分野自体は、すべての第二言語の学習が対象になっています。本書に書いてあることもほとんどが、どの言語を教える場合にも共通する内容になっています。実際、この分野で行なわれている研究は英語を対象としたものが多いため、英語習得に関する例もたくさん出てきますし、筆者自身今でも「英語学習者」ですので、学習者としての目線で英語習得の例も多く使っています。ですから、日本語以外のどの外国語を教える場合にも役に立つ内容になっています。

　なお、本書は、大学などで日本語教育を学ぶ学生のための第二言語習得関係の授業で、教科書としても使っていただける構成になっています。章の構成は、筆者自身が半期で第二言語習得を教えている授業のシラバスとほぼ同じ構成になっていますが、教室活動やフィードバックを扱う第7章が他の章より長いので、この章に2〜3回の授業をあてていただくといいと思います。まとめにあたる第11章を除き、章の最後に練習問題を設けましたが、ここにも、授業の中でのディスカッションに使えるようなトピックを多く入れてあります。

　第二言語習得論はとても身近な分野です。外国語を勉強するときに実際にどんなことが起こるのか、それはなぜなのか、ということを扱って

います。つまり、英語やそのほかの外国語を学ぶときに、私たち自身にも実際に起こっていることを扱う分野なのです。ですから、本の中で紹介する様々な具体例も、「そうそう、確かに、あるある」と思えることが多いと思います。ぜひ、自分の外国語学習のことを思い出して、自分自身の経験にてらして考えながら、楽しく読んでいただければと思います。

　本書の執筆にあたっては、新潟産業大学の菅谷奈津恵、東京大学の増田真理子、武蔵野大学の向山陽子の諸氏には草稿に目を通していただき、貴重なコメントをいただきました。筆者が勤務する麗澤大学外国語学部および言語教育研究科の授業での学生の皆さんの活発な議論や様々な質問も、大変参考になりました。筆者自身が教育現場と第二言語習得を結びつけていく過程では、東京大学日本語教育センター（旧留学生センター）の先生方とのディスカッションから多くの有益な示唆を得ることができました。また、くろしお出版の池上達昭氏には、本書の企画段階から大変お世話になりました。この場をかりて、心からお礼を申し上げたいと思います。最後になりましたが、今年1月に急逝された大学院生時代の指導教官、佐々木嘉則先生に、本書を捧げたいと思います。

2010年5月
著　者

目　次

はじめに …………………………………………………………………ⅰ

第1章　第二言語習得論とは ……………………………………1

　1．「対照分析」の時代 ……………………………………………2
　2．「対照分析」から「誤用分析」へ ……………………………3
　3．中間言語分析へ …………………………………………………7

第2章　中間言語：学習者独自の言語体系 ……………………11

　1．日本語学習者の中間言語：「に」？「で」？ ………………11
　2．自分の「独自のルール」には、自分でも気づいていない
　　　こともある ………………………………………………………13
　3．学習者独自の文法は、何から作られるのか ………………14
　4．中間言語の発達 …………………………………………………17

第3章　学習者の母語は第二言語習得にどう影響するか ……23

　1．母語は悪者か ……………………………………………………23
　2．母語の転移 ………………………………………………………25
　3．転移は母語からのものだけではない ………………………26
　4．母語の転移はいつ起きるか ……………………………………27
　5．言語転移が起きやすい領域 ……………………………………28
　6．典型性の影響 ……………………………………………………32
　7．習熟レベルによる違い …………………………………………34
　8．学習者要因の影響 ………………………………………………35

第4章　習得には決まった順序があるのか……………………39

1．「習得順序」の発見 ……………………………………………39
2．「習得順序」とは、何がどうなる順序か ……………………40
3．本当に母語に影響されない普遍的順序があるのか …………42
4．どんな文法項目にも決まった習得順序があるのか …………43
5．「発達順序」と「習得順序」……………………………………44
6．発達段階は飛び越えられないという考え方 …………………47
7．習得の順序どおりに教えたほうがいいのか …………………48
 7．1　「習得が早い」「習得が遅い」とは、どんなことか ………48
 7．2　「自然な順序」は「教えるべき順序」か ………………50
 7．3　発達段階をどう考えるか ………………………………51
 7．4　教える順序についてのまとめ …………………………54

第5章　必要なのはインプットかアウトプットか ……………57

1．言語習得に大切なものはインプットだという考え方 ………57
2．言語習得にはインターアクションが必要という考え方 ……60
3．言語習得にはアウトプットも必要だという考え方 …………62
4．アウトプットの効果 ……………………………………………63
 4．1　「言いたいこと」と「言えること」とのギャップへの
   気づき ……………………………………………………63
 4．2　言語形式への注意 ………………………………………64
 4．3　アウトプットによる仮説検証 …………………………64
 4．4　肯定証拠と否定証拠 ……………………………………66
5．言語習得には気づきが必要 ……………………………………69
6．アウトプットのもう一つの効果：自動化 ……………………70

第6章　文法を教えることに効果はあるのか ……………75

1．意識的に得られた知識と無意識的な知識とは ……………75
2．意識的な学習はコミュニケーションに役立つ知識になるか …76
3．教室での学習の役割 ……………………………………77
4．理解可能なインプットだけでは習得が難しいもの ………78
5．目立ちやすさや余剰性は母語によって異なる ……………83
6．教えたことがそのまま習得されるわけではない …………84
7．教室でのインプットに注意を払おう ………………………86
8．インプットからしか習得できないもの ……………………87
9．習得環境による教室の役割の違い …………………………89

第7章　教室で何ができるのか ……………………93

1．インプット重視の指導 ……………………………………93
　1.1　学習者はインプットのすべてを聞いているわけではない ……………………………………………………93
　1.2　形式と意味を結びつけるインプット処理指導 ………94
2．言語形式に焦点を当てる …………………………………97
　2.1　形式に焦点を当てた指導 ………………………………97
　2.2　フォーカス・オン・フォーム …………………………100
3．フィードバックはどう行なえば効果的なのか ……………103
　3.1　「フィードバック」は「誤用訂正」？ ………………103
　3.2　様々な形の訂正フィードバック ………………………104
　3.3　どのようなフィードバックが効果的か ………………107
　3.4　リキャストかプロンプトか ……………………………111
　3.5　どんな誤りにフィードバックをしたらいいのか ……116
4．再び、教える順序について ………………………………118

第8章　言語習得に及ぼす年齢の影響 ……………………125

1．外国語は早くから始めたほうがいいのか …………………125
　1．1　「臨界期」という考え方 ………………………………125
　1．2　年齢の影響について、ある程度わかっていること ……126
　1．3　なぜ年齢が外国語習得に影響するのか ………………127
2．子どもは二つの言語をどう習得するのか …………………129
　2．1　バイリンガリズム ……………………………………130
　2．2　子どもはどんな言語能力を身につけなければならないのか …………………………………………………131
　2．3　二つの言語が助け合うという考え ……………………131

第9章　言語習得に及ぼす個人差の影響（1） ……………137

1．言語適性 ……………………………………………………137
　1．1　「語学のセンスがある」とは、どんなことか …………137
　1．2　言語適性とワーキング・メモリーの容量 ……………141
　1．3　言語適性とどうつきあっていけばいいのか …………143
2．女性のほうが言語学習に向いているのか …………………146
3．学習スタイルの違い …………………………………………149
　3．1　学習スタイルは外国語学習に影響するか ……………149
　3．2　学習スタイルに合った教育方法の必要性 ……………151
　3．3　学習スタイルを知ることの重要性 ……………………153
　3．4　教師も自分の学習スタイルを知っておこう …………156

第10章　言語習得に及ぼす個人差の影響（2） ……………161

1．動機づけと第二言語習得 ……………………………………161
　1．1　外国語学習に関わる動機づけの種類 …………………161

1.2　学習者の動機づけを高める ……………………163
　2．学習者の性格は第二言語学習に影響するか ……………165
　3．曖昧さに対する寛容性 ……………………………………168
　4．学習ストラテジー …………………………………………170
　5．「不安」や「緊張感」の影響 ……………………………173
　6．個人差に関するまとめ ……………………………………175

第11章　まとめ：教室で私たちにできること ……………179
　1．第二言語習得論から見た第二言語教育 …………………179
　2．習得は時間のかかるプロセス ……………………………180
　3．「習得が難しい」と決める前に …………………………181
　4．教えたものはすぐ使えなければいけないのか …………184
　5．学習者と同じ方向を見て進むことの重要性 ……………186
　6．おわりに ……………………………………………………188

引用文献 ……………………………………………………………189
索　引 ………………………………………………………………201

第 1 章 第二言語習得論とは

　第二言語習得に関する研究分野は、「外国語を学ぶときのメカニズム（仕組み）を明らかにする」ことを目指している分野です。ただ、「メカニズムを明らかにする」というのには、実にいろいろなことが入ります。たとえば、医学の分野で言えば、認知症の研究者は、どうして認知症になるのか、認知症はどのように進行するのか、どんな人が認知症になりやすいのか、認知症にならないためにはどうしたらいいかなど、根源的なことから実用的なことまでいろいろなことを研究しています。第二言語習得の分野でも同じように、そもそも私たちはどうして外国語が話せるようになるのかという、かなり根源的なことから、外国語を学ぶとき頭の中でどんなことが起きているのか、どうしていつまでも間違ってしまうのか、早く上達する人とそうでない人とは何が違うのか、上達するには何が必要なのか、たくさん話すのとたくさん聞くのではどちらがいいのかといったことまで、様々な研究テーマを扱います。

　外国語学習には、それを学ぶ「学習者」自身と、学ぶ対象である「言語」が登場しますが、第二言語習得研究の大きな特徴は、「言語」側だけを見て何が易しくて何が難しいかなどを考えるのではなく、外国語学習の当事者である「学習者」自身を研究対象として、外国語学習のメカニズムそのものを明らかにしようとするということです。

　なお、「第二言語」という用語は、母語が「第一言語」と呼ばれるのに対して、母語よりも後で学ばれる言語を指して使われます。「第二言語」と「外国語」は、第 6 章でも触れるようにその言語が使われている国で学ぶ場合には「第二言語」、使われている国以外で学ぶ場合は「外国語」というように区別して使われる場合もありますが、第二言語習得

の「第二言語」は、特に断らない場合、その両方を指しています。

　では、まず、ごく簡単に、第二言語習得という研究分野がどのように生まれ、発達してきたかを紹介します。

1．「対照分析」の時代

　外国語を勉強すること自体は遥か昔から行なわれてきましたが、「外国語を使えるようになるための効果的な教育方法」が本格的な研究の対象になったのは、1940〜50年代のころだと言っていいでしょう。そして、このころの考え方は、外国語学習は新しい習慣の形成であり、習慣形成のためには、刺激に対して反応する練習を繰り返すことが重要だというものです。このような考え方から、何度もリピートをさせて、入れ替え練習などの機械的な文型練習を重視する教授法「**オーディオ・リンガル・メソッド**」が生まれました。

　また、この時代には、**目標言語**（学習しようとしている言語）と学習者の母語の文法や音声、語彙などで共通する部分は易しく、異なっている部分は難しいと考えられ、学習者の誤りは、「二つの言語の間の異なっている部分」が原因になって起こるとされていました。そして、誤りは目標言語と学習者の母語との違いから予測できるという仮説が立てられ（**対照分析仮説**）、二つの言語を比較して共通する部分や異なる部分を明らかにする「対照分析研究」が盛んに行なわれました。

　ところが、実際に学習者の誤りを見てみると、すべての誤りが母語と目標言語の違いから説明できるわけではないことや、むしろ母語とは関係のない誤りが思ったより多いことが明らかになってきました。たとえば、英語を学ぶ学習者が、come や go のような不規則動詞を過去形にするときに、-ed をつけて comed や goed にしてしまう誤りは、英語を母語とする子どもにも見られる誤りで、必ずしも学習者の母語との違いが原因になっているわけではありません。日本語の場合なら、「おもしろくない」を「おもしろいじゃない」と言ってしまうような誤用は、学習者が「本じゃない」「静かじゃない」のような名詞や形容動詞（ナ形

容詞)の否定形を使って、形容詞(イ形容詞)の否定形も作ってしまうために起こるもので、やはり母語に関わらず起こります。

このようなことから、外国語の学習を考えるには学習者の母語と目標言語の違いを分析するだけでは十分ではないと考えられるようになってきました。

2.「対照分析」から「誤用分析」へ

対照分析研究は、学習者自身を見るのではなく、学習者の母語と目標言語という言語同士を分析して、難しい点や誤りを予測するというものでした。ところが、前のページで述べたように、実際に学習者の誤りを見てみたところ、その予測では説明しきれないことがわかったのです。

そこで、学習者の誤りを分析する「**誤用分析**」が盛んに行なわれる時代が訪れます。誤用分析は、学習者の実際の誤りから外国語学習を考えようとするもので、ここが第二言語習得研究の誕生だと一般的に言われています。イギリスの応用言語学者コーダーが1967年に出した論文[1]で学習者の誤用を見ることの重要性を主張して以降、第二言語習得プロセスを解明するために誤用を分析し、学習者の誤用の原因を探ったり分類したりすることが盛んに行なわれるようになりました。

■誤用の分類

学習者の誤用を分析することによって、学習者の誤りには、対照分析の時代に考えられていたような学習者の母語が原因になっているものだけではなく、学習者の母語とは関係なく言語発達の途上で必然的に起こる誤りもかなりあることが明らかにされました。前者の、母語が原因になっている誤りは「**言語間の誤り**」と呼ばれ、後者のような、母語とは関係なく発達途上に起こる誤りは「**言語内の誤り**」と呼ばれています。

たとえば、先に挙げたように、「おもしろいじゃない」のような誤用

---

[1] Coder (1967)

は、学習者が名詞やナ形容詞の否定形をイ形容詞にも使ってしまう（**過剰般化**）ために起こる言語内の誤りです。日本語を母語とする子どもにも見られるので、母語でも第二言語でも日本語を習得する過程でほぼ必ず通る道と考えていいでしょう。

　上のような誤用の分類の仕方のほかに、学習者の誤りは、一時的な言い間違いである「**ミステイク**」と、その時点で学習者が作っている規則に基づいて繰り返し起こる「**エラー**」に分けられます。さらに、誤用には「**グローバル・エラー**」と「**ローカル・エラー**」という分類もあります。「グローバル・エラー」は意味の理解やコミュニケーションの支障となる誤りのことです。たとえば、先日も初級日本語のクラスの学習者が「母に時計をくれました」と言ったのですが、「母が時計をくれた」と言いたかったのか、「母に時計をあげた」と言いたかったのか、あるいは文字通り「ほかの誰かが母に時計をくれた」ことを言っているのか、ここからはわからないため、事実関係を確認してみると「母が時計をくれました」と言いたかったそうです。このような誤りは、助詞一つの誤りなのですが、グローバル・エラーになります。一方、「ローカル・エラー」は意味の理解やコミュニケーションの支障にならない誤りのことです。「図書館で勉強します」の「で」を「に」にして「図書館に勉強します」と言ってしまっても、この文の意味の理解には支障がないので、ローカル・エラーになります。

　誤用分析の時代には、このような誤用の分類が盛んに行なわれましたが、実際には誤用はそう簡単にきれいに分類できるわけではありません。たとえば、「赤いの車」「昨日買ったの本」のように形容詞や名詞修飾節と名詞の間に「の」を入れてしまう誤用は、特に初級学習者には多く見られます。これは「言語内の誤り」でしょうか。「言語間の誤り」でしょうか。中国語母語話者の場合、中国語では修飾要素と名詞の間に「我的書」（私の本）、「我看的書」（私が読んだ本）のように「的」が使われ、「的」の使い方が日本語の「の」の使い方に似ているため、母語の影響による誤りだと言われていました。しかし、「の」の過剰使用は、

日本人の幼児の母語習得の過程でも見られますし、中国語母語話者以外の多くの学習者にも共通して見られるため、「言語内の誤り」としてその原因を探る研究も行なわれるようになりました[2]。しかし、最近では、中国語母語話者の場合は特にこの誤用が多く見られ、また上級になっても残ることから、中国語母語話者の場合はやはり母語も関係していることが指摘されています[3]。このように、一つの誤用でも複数の原因が複合的に関係している場合もあって、必ずしも原因が一つに決められるわけではないのです。

　この点は、次のページで述べる「回避」とともに誤用分析の限界となっていきますが、ただ、現場で教える場合には、誤用にもこのように様々な種類があることを知っておくことはとても大切なことです。本書の後半の「誤りの訂正」のところでも触れますが、学習者の発話のすべての誤用に対してフィードバックをすることは不可能ですし、また、学習者側にとっても、すべての誤りをいちいち直されるのでは嫌になってしまうでしょう。教師は、誤りを直すか直さないか、その場でどんどん判断していかなければなりません。その場合にも、エラーかミステイクかを区別することは判断のための材料の一つになることでしょう。

　また、誤用分析の時代に誤用に対する考え方が大きく変わったことは、非常に重要なことです。対照分析研究とオーディオ・リンガル・メソッドの時代には、誤りは排除すべきものであり、誤りを起こさせないように繰り返し練習をすることが重視されていましたが、誤用分析の時代になると、誤りは学習していく段階で必然的に出てくるものであり、第二言語の習得は誤りを繰り返しながら進んでいくと考えられるようになりました。

　ただし、実は私たち教える側にとってとても耳が痛い話なのですが、誤りには「**教師誘導の誤り**」もあるとされています。私たちの教え方によって引き起こされてしまう誤りのことです。たとえば、「田中さんは

---

[2] 白畑（1993, 1994）など
[3] 奥野（2005）

寿司が食べたいです」のような言い方はできないのですが、これは、日本語では「食べたい」などの「〜たい」や「ほしい」や感情を表す形容詞は基本的には三人称に関してはそのまま使えないためです。そこで、学習者に対して、「『田中さんは寿司が食べたいです』は言いません。『食べたがっています』を使います」とだけ教えてしまうと、学習者はどんな場合でも主語が三人称であれば「〜がっている」を使うようになってしまいます。その結果、「先生も一緒に行きたいとおっしゃっていましたよ」とでも言ったほうがいいときでも、「先生も行きたがっています」あるいは「先生も行きたがっていらっしゃいます」のような不自然な言い方を引き出してしまいます。実際、上級のクラスの学習者に聞いてみても、学習者の多くが単に形の問題として「主語がほかの人のときは『〜がっている』を使う」と答えます。「〜たがる」は、その欲求や感情が言動などで外に表われている状態を言うということを知らずに使っている学習者が上級になっても多いようです。これは、教師誘導の誤りと言えるでしょう。

　誤りは発達の過程で必然的に出てくるものだとは言っても、実は、「必ず通る道」ではなく教える側が作り出してしまう誤用もあることも頭に入れておくことは大切です。「もしかしたら、この誤用は自分の教え方に原因があるのかもしれない」という可能性も考え、学習者の誤用から自らの教え方を振り返ってみることも必要でしょう。

■誤用分析の限界

　誤用分析には、前のページに書いたように、一つひとつの誤用は簡単には分類しきれないという問題がありますが、それ以上に、大きな限界がありました。学習者は使いにくい形式や自信のない形式を「回避」してしまい、使わないことがあるということです。

　それが最初に指摘されたのは、ペルシャ語・アラビア語・日本語・中国語母語話者を対象として、英語の作文で使われた関係節の誤りを調べるという研究でした[4]。この研究では、ペルシャ語・アラビア語母語話

者のほうが、日本語・中国語母語話者より関係節の誤りが多いという結果になりました。この結果は、一見したところでは、日本人や中国人のほうが英語の関係節を正しく使え、習得が進んでいることを示しているようにも見えます。ペルシャ語、アラビア語は、英語と同じように関係節を名詞の後ろにつける言語ですが（例：the book which I bought yesterday）、日本語、中国語の関係節は「昨日買った本」のように名詞の前に置かれ構造的に大きく違うので、直感的には日本語・中国語母語話者にとってのほうが英語の関係節は難しそうです。どうしてこのような結果になったのでしょうか。

　実は、日本語・中国語母語話者は、作文の中で関係節をあまり使っていなかったのです。そのため、関係節をたくさん使って、それによって誤用も多くなったペルシャ語・アラビア語母語話者に比べて、誤用が少なかっただけなのです。実際にこの研究の学習者が意図的に関係節を回避したかどうかはともかく、このように、回避の問題に対応できないという誤用分析の限界が明らかになってきました。

3．中間言語分析へ

　さらに、誤用分析にはもっと根本的な問題があります。それは、そもそも誤用分析は学習者の誤用しか見ていない、つまり、できないところしか見ていないということです。学習者の誤用というのは、学習者の言語全体のごく一部でしかありません。誤用だけを見る方法では、学習者がどこを間違えるかはわかりますが、学習者が目標言語に関してどんな能力を持っているのか、どう使っているか、どのように学んでいくのかといった、学習者言語の全体像はわからないのです。そのようなことが指摘され始め、1970年代半ば以降第二言語習得研究は、誤用だけでなく正しく使われたもの（正用）も含め、学習者がどのように目標言語を使っているかの全体像を見る「**中間言語分析**」の時代になります。

4　Schachter（1974）

中間言語分析での学習者言語の見方は、学習者言語を「学習者が作っていく独自の言語体系」と考えることです。第二言語習得というのは、「正しい○○語というものがあって、それを学習者が覚えていって、その正しい○○語を使えるようになっていく」ということではなく、学習者が自分の中に「新しい言語体系」を作っていくことだと考えます。この学習者の言語体系のことを「**中間言語**」[5]と呼びます。なぜ「中間」かと言うと、学習者が頭の中に持っている母語の言語体系とも、目標言語の母語話者の持つ言語体系とも違う、その中間のどこかに位置する言語体系だということです。それまでの誤用分析では、目標言語での言語使用を「正しい」として、学習者の言語の「正しくない」部分に焦点を当てて見てきましたが、中間言語分析では、目標言語を基準として正しいか誤りかを決めるという観点ではなく、中間言語を自律的な言語体系と考え、学習者がどのような中間言語を作っているかを分析します。そこが、誤用分析とは大きく異なる部分です。

現在の第二言語習得研究は、このように中間言語という概念を中心に、その中間言語がどのように発達し、第二言語が習得されていくのか、そのメカニズムの解明を目指しています。次章では、中間言語というものがどんなものなのかを見ていきましょう。

[この章のまとめ]
1. 対照分析研究の時代は、学習者の誤りは「二つの言語の間の異なっている部分」が原因になって起こるとされていたが、実際に学習者の誤りを見てみると、学習者の母語が原因になるものばかりではないことがわかってきた。外国語の学習を考えるには母語と目標言語の違いを分析するだけでは十分ではない。
2. 誤用分析において、学習者の誤りは、母語の影響による「言語間の誤り」とそうでない「言語内の誤り」に分けられた。また、知

---

[5] Selinker (1972) の用語です。

識そのものが間違っている「エラー」と知ってはいるが間違えてしまった「ミステイク」、意味に影響を与える「グローバル・エラー」とそうでない「ローカル・エラー」という分け方もある。しかし、どの分け方も、すっきりと分けられないものが多い。
3．学習者は使いにくい形式や自信のない形式を「回避」してしまい、使わないことがある。
4．誤用分析は、学習者のできないところしか見ていない。誤用を見ているだけでは、学習者の第二言語習得がどのように進んでいくのかといった学習者言語の全体像はわからない。

[練習問題]
1．自分の外国語学習を振り返って、まず、自分がどんな誤りをしたかを思い出してみましょう。次に、それがどんな誤りとして分類できるか考えてみましょう。
2．自分の外国語学習を振り返って、使用していなかったり、使用することを避けている形式があるかどうか、あるとすれば、それはどんな形式か、考えてみましょう。
3．誤用分析と中間言語分析との違いは何でしょう。また、誤用だけを見ることには、どんな問題があるでしょう。

第 2 章

中間言語：
学習者独自の言語体系

　第1章で述べたように、学習者が自分なりの中間言語体系を作っていくという考え方は、第二言語習得を考えていくうえでの中心となる概念です。学習者は初めから教わったとおりに目標言語体系と同じ言語体系を作っていくのではなく、独自の中間言語体系を作り、それが常に修正されながら徐々に目標言語体系に近づいていきます。第二言語習得というのは、まさにこの中間言語が変化していくプロセスなのです。

　では、学習者は実際にどのような中間言語を作り出しているのでしょうか。そして、その中間言語はどのように作られ、どう変化していくのでしょうか。

1．日本語学習者の中間言語：「に」？「で」？

　実際に日本語学習者がどんな中間言語文法を作り出しているかを、「図書館で本を読みます」と「図書館にいます」のような場所を表す助詞「に」と「で」の使い分けを例に、見てみましょう。

　留学生を対象とした初級クラスでのコース終了間近のある日、ドイツ語母語のスイス人学習者とクラスが始まる前に雑談をしていたときのことです[1]。その学習者は「山の上」まで言って言葉を止め、「に？で？」と筆者に質問をしてきました。その先の部分を言ってもらわないとわからないため、先を続けてもらうと、「お弁当を食べました」だとその学習者は言いました。初級終了に近い時期ですし、まだわかっていなかっ

---

[1]　この事例については、大関（2007）で詳しく報告しています。

たのかなと少し疑問に思いながらも、「「食べました」は、アクションですよね？」とヒントを出すと、その学習者は「それは、わかります」と答え、「アクションは「で」、「ある」と「いる」は「に」ですね。でも、「山の上」のときは「に」ですね？」と続けました。この学習者は、「上」「中」「前」などの言葉の後ろには「に」を使うという中間言語文法を作っていたのです。

　このように、前に置かれる名詞の種類によって「に」か「で」を使い分けるという独自のルールを学習者が作る傾向があることは、すでにこれまでの研究で報告されています[2]。これは、中級レベルの学習者（中国語母語話者、韓国語母語話者、その他の言語の母語話者、各20名）を対象に、助詞の穴埋めテストをして明らかになったもので、学習者が「に」と「で」のどちらを使うかを選ぶのに、「位置を示す名詞（中・前など）＋に」、「地名や建物を示す名詞（東京・食堂など）＋で」という組み合わせで選択する傾向が見られたということです。筆者に質問をした学習者も、まさにこの研究結果と同じように「位置を示す名詞には「に」」という規則を作っていたのです。

　さらに、この学習者の場合とても興味深いのは、目標言語のルールによる「に」と「で」の使い分け（後ろにくる述語が動作か状態かで使い分けること）を知っているにもかかわらず、位置を示す名詞には「に」を使うという学習者独自の文法も共存させて、二つのルールを初級後半まで持ち続けていたということです。私たちから見ると目標言語でのルールが習得されれば否定されて消えていくように感じられる学習者独自のルールが、実は目標言語でのルールと共存して保持されていることもあるということです。学習者にとっては、自分なりに作り出したルールも、教室で教師から学んだルールに劣らず重要なものだということなのでしょう。

　確かに、「図書館で勉強する」「机の上に本がある」などの文では、両

2　迫田（2001）

方のルールに合っているのですが、「山の上＿、食べた」と言おうと思ったら、「あれ？先生に習ったルールだと「食べた」だから「で」だけど、「上」なんだから「上に」のはずだ」となり、二つのルールはぶつかってしまいます。「に」と「で」の使い分けには、前にくる名詞は関係ないということを教えると、その学習者はとても驚いていました。

2．自分の「独自のルール」には、自分でも気づいていないこともある

　さて、この場合、学習者が直接、自分で考えている中間言語文法を説明して質問してくれたので、教師側は学習者の中間言語文法がどうなっているかを把握でき、修正のための手助けをすることができました。しかし、学習者の中間言語文法はいつも学習者自身が説明できるわけではありませんし、学習者自身気がついているとも限りません。

　たとえば、筆者はつい最近になって、Good morning という英語の挨拶に関する自分の独自のルールに気づかされました。アメリカで、テレビのニュースを見ていたときのことです。ちょうどショッピング・モールで乱射事件があって何人も殺されるという悲惨な事件があったのですが、その翌朝のニュースで、スタジオの女性キャスター（名前を忘れてしまったので、仮にキャシーとしておきます）が事件について話したあと、現地の男性レポーター（こちらはジョンにしておきます）に呼びかけました。そのときの呼びかけが Good morning, John. で、そのジョンからの返事も、Good morning, Cathy. だったのです。英語の得意な読者の方には、ばかだなあと思われるかもしれませんが、そのとき筆者は、「こんな悲惨な事件をレポートしているときにも Good morning って言うんだ！」と、とても驚きました（もちろん二人とも、にこやかに Good morning を言い交わしたわけではなく、厳かな表情と口調で軽く挨拶をしただけなのですが）。この時、筆者は初めて、英語の Good morning という挨拶が「いい朝」ではないときにも使えることを学んだわけですが、それと同時に、実はこの時に初めて、「Good morning は「いい朝」なのだから、悲惨な事件があったり悲しいことがあったり

した朝は使えない」というルールを自分が頭の中に持っていたことに気がついたのです。中学生のころから「おはよう」の意味としては知っているこんな簡単な表現に関して、自分がこんなルールを作っていたことには、全く気がついていませんでした。

　学習者独自の言語体系とか独自の文法などと言うと、自分で意識的に作り出していくもののように聞こえるかもしれませんが、実際には、このように、本人が全く自覚していないような無意識的な場合もあり、むしろ無意識的な場合のほうが多いのかもしれません。本人が自覚しておらず無意識的であれば、学習者がどんな中間言語体系を作っているのかを教師や研究者が把握するのは、簡単なことではありません。しかし、学習者の誤りを「正しくない」「できない」と目標言語の基準で判断するのではなく、学習者をよく観察し、いったいこの言語使用はどこから来ているのだろうと常に考えようとする姿勢を持つことは、教師として大切なことです。そして、第二言語習得研究は様々な研究方法を使ってそれを明らかにしようとしています。

3．学習者独自の文法は、何から作られるのか

　では、学習者独自の文法は何から作られるのでしょうか。先ほどの「に」と「で」について考えてみましょう。まず、学習者が「上に」「前に」などの形を「かたまり」としてそのまま覚えて使っていることが考えられます[3]。このように一緒に使われることの多い要素同士を、習得の初期の学習者が一続きの「かたまり」として語彙のように処理することは、多くの研究で指摘されています。

　また、「インプット」（学習者が聞いたり読んだりする目標言語）の中での、使用頻度の偏りも原因になっている可能性があります。代表的な日本語の初級教科書（『みんなの日本語　初級』『初級日本語　げんき』『Situational Functional Japanese』）を調べてみたところ、「上」「前」

---

[3]　迫田（2001）

「中」などの位置の名詞と一緒に場所の「で」が使われた例文は非常に少ないことがわかりました。自分自身の授業を考えても、「～の上で」「～の前で」のような組み合わせはあまり使っていないように感じます。また、母語話者同士の会話での使用でも、位置の名詞の後ろには「に」が使われる頻度が高い傾向が見られたことが指摘されています[4]。とは言っても、初級の後半になるまで、「～の中で」「～の前で」のようなインプットに全く触れたことも聞いたこともない、ということはないでしょう。なぜ、位置の名詞のあとは「に」だけではなく「で」も使われることに気がつかないということが起こるのでしょうか。実は、インプットの中に大きな偏りがあると、学習者はそれを100％の傾向として結びつけて習得する傾向があることが指摘されているのです[5]。

　筆者自身も、この偏りの罠に落ちたことがあります。筆者は野球が好きで、メジャーリーガーになったイチローや松井秀喜の試合もよくテレビで見ているのですが、バッターが空振りして三振になったときにアメリカのアナウンサーがよく言う Swing and a miss. という表現を、筆者は「三振」の意味だと思っていました。ところが実は Swing and a miss. は「三振」ではなく「空振り」という意味でした。それを人から教えてもらい、それ以降注意して聞いてみると、確かにまだ三振にならない空振りのときでも Swing and a miss. と言っていることに気がつきました。ただ、三振以外の単なる空振りのときは、Strike とか Strike two などと言うことも多く、Swing and a miss. が使われる頻度はやはり三振のときのほうが圧倒的に多いのです。そのために筆者も、この偏りにだまされ、「三振」だと思ってしまったのでしょう。このように、学習者は、ある形式がある状況で高頻度で使われるような場合、その形式をその状況に完全に結びつけてしまう傾向があり、このような頻度の偏りは中間言語形成に大きく影響すると考えられています。

　なお、「Swing and a miss が三振の意味ではないとわかってからは、

4　野田（2001）

5　Andersen (1990) の「**分布の偏りの原則** (Principle of distributional bias)」

三振以外のところでも使われていることに気がつくようになった」と書きましたが、このように、知識を得ることで今まで気がつかなかったインプットに「気づく」ようになる、つまり聞こえてくるようになるというのは、非常に重要なポイントです。このことは、あとで文法学習の効果のところでまた詳しく述べます。

もう一つ、別の例を見てみましょう。これは当時同僚だった先生から聞いた話ですが、初中級のクラスで「エアコンをつけたまま寝てしまった」のような「〜たまま」を教えたときのこと、ある学習者が「このストラクチャーは、extraordinary（「異常な」「驚くべき」）のときに使いますか」と質問してきたそうです。なぜこの学習者は、そんなふうに思ったのでしょうか。教師仲間で話し合いながら、そのクラスで使用している教科書をよく見てみると、そこで使われている絵が、口をあけたまま寝ている絵とか、ネクタイをしたままお風呂に入っている絵とか、インパクトの強い絵が多いことに気がつきました。「確かに、この絵を見たら、extraordinaryなときに使うと思うかもしれないね」と教師仲間で話し合いました。この教科書を書いた人は、インパクトのある例を使って覚えやすいようにと考えたのでしょうが、それが裏目に出てしまったわけです。

このように、学習者は、教師から教わったことを受動的にそのとおりに覚えていくわけではなく、教師が使った例文から感じられる意味や、教科書に使われている絵や、何度も出てきた語彙など、様々なものを材料にして、意味や使い方を探りながら、能動的に言葉を学ぶのです。学習者が作り出す中間言語は、その時その時の学習者の努力の集大成とも言えます。最近では、人間には触れたインプットからパターンを抽出できる能力があり、その能力があるために人間は言葉を習得できるということも言われています[6]。その意味では、私たち教師が、授業の練習の中で使う例文に無意識にうっかり偏りを作ってしまったりすると、学習

---

6 N. Ellis (2002), Tomasello (2003)

者は敏感にそこから中間言語を作ってしまう可能性があります。学習者がそう思ったということは、そう思わせる何かがあったはずだと考えて、何がそう思わせたのだろうかと追究してみることが必要です。それによって、自分が教えるときに使った例文が少し偏っていたとか（よくないことを表す例文が多かった、びっくり話ばかりで固めたなど）、授業で使った絵のインパクトが強すぎたとか、そのようなことがわかるかもしれません。学習者は何もないところから「勝手に」自分の文法を作り出すわけではないということを知っておくことは、とても大切です。

4．中間言語の発達

　さて、少し前に、「中間言語は修正されながら徐々に目標言語体系に近づいていく」と書きました。この「目標言語体系に近づいていく」ことが、一般的に言う「上手になる」ということで、第二言語習得の分野ではよく「中間言語の発達」という言葉を使います。では、中間言語はどのように発達していくのでしょうか。

■学習者の言語発達は一直線に進むわけではない

　中間言語が順調に目標言語体系に一歩一歩近づいていけばいいのですが、そう簡単にいかないことは、読者の方も、学習者として、あるいは教師として経験しているのではないかと思います。中間言語は常に直線的に発達が進むわけではなく、たとえば、ある文法項目を昨日までは正しく使えていたのに、急に使えなくなったり、急に誤りが多くなったりして後戻りしてしまうことが起こると言われています。

　中間言語の発達では、このように初めは正しく使っていた状態から一時的に誤りが増え、その後また誤りが減っていくというU字型の曲線を描く現象があることが知られています[7]。このような「U字型発達」は、もともと母語習得の分野で報告されていたものです。第1章でも書きま

7　Kellerman (1985)

したが、英語を母語とする子どもが動詞の過去形を習得するときに、初めは went や came のような不規則動詞を正しく使うのですが、その後、不規則動詞にも -ed をつけて goed や comed のような誤った形も使うようになり、そして再び、went や came という正しい形だけを使うようになることが指摘されています。これは、初めは went や came を語彙としてそのまま覚えて使うため正しく使えるのですが、その後、規則動詞の過去形には -ed をつけることを知り、一時的に不規則動詞にも -ed をつけてしまうからだと言われています。このように、新しい規則が入ってきたり、新しいことに気づいたりすることによって、それまで正しく使っていたものが一時的に正しく使えなくなる現象が、第二言語習得のプロセスでも見られます。

　日本語学習者の場合も、たとえば、「昨日は雨でした」「ひまでした」のように、名詞やナ形容詞の丁寧体の過去形を使えていた学習者が、その後「雨だった」「ひまだった」のような普通体を学習すると、イ形容詞の「おいしかったです」「おいしくなかったです」のような普通体に「です」をつけて作る過去形と混ざって、「昨日は雨だったです」「ひまだったです」[8] のようになってしまうことがよく見られます。また、「～があります」という存在文を学習すると、学習したその日には「本はありません」「本がありません」などと言えていた学習者が、その後、初級の初めから使っていた「～じゃありません」と混ざって、「本がない」ことを言うために「本じゃありません」と言うようになってしまったりします。

　学習者は新しいことを学ぶと、それまで持っていた中間言語体系の中にそれを組み込んでいかなければならないため、新しいことが組み込まれるたびに、自分の言語体系の中にすでにあって使えていたものと合わせて、中間言語体系が「**再構築**」されていきます。その再構築の段階で、今までの体系に混乱が起きて、今まで使えていたものが使えなくな

---

[8] 最近はこのような言い方も耳にすることがあるので、読者の中には違和感を持たない方もいるかもしれません。

るような後戻りに見える現象が起こることが指摘されています。このように、発達のための一つの段階として「できなくなる」段階があるのは、習得の過程で普通に起こることです。第二言語習得は、今まで作ってきた言語体系にそのまま新しい規則がどんどん足されていくように、足し算的に積み上げられて進んでいくわけではないのです。

　外国語を教えていると、教えたら使えるようになると教師は思ってしまいがちなので、昨日教えたことが今日使えないと、「教えたはずなのに…」とか「昨日教えたばかりなのに、すっかり忘れている」というようにがっかりしてしまいます。しかし、教えたことがすぐに使えるようになるものでもなく、できていたことができなくなるのも普通のことで、言語習得は時間をかけて行きつ戻りつしながら進んでいく時間のかかるプロセスです。そのような目で学習者の習得過程を捉えていくことは非常に大切なことです。

■発達が止まってしまう？
　ただし、学習者の中間言語体系が、途中で後戻りしたり時間がかかったりしながらも、最終的には目標言語体系に向かって順調に発達していくのならいいのですが、残念ながら中間言語体系は母語話者の持つ目標言語体系と全く同じ体系になることはないと言われています。また、そこまで行かない場合でも、あるところまでで中間言語体系の発達が止まってしまい、それ以上前に進まないという現象も起こります。そのような状態は「化石化」と呼ばれ、それ以上どんなにインプットがあっても、教えられても、効果がないと言われています。「化石化」という用語は、もともとはある段階で中間言語が固定してしまう現象を指す用語なのですが、ある特定の項目の習得がそれ以上進まず誤用のまま残ってしまう場合を指して使われることも多く、特に教育現場では、定着してしまって簡単には直りそうもない誤りを指して使われることが多いようです。ただ、止まっているように見えても、「どんなにインプットがあっても、フィードバックがあっても、絶対にそれ以上前に進まない」証

拠はないということから、最近では「**定着化（stabilization）**」と呼ぶべきであるという主張もされています[9]。私たち教師も、安易に「化石化しているから直らない」と決めつけてしまうことは避けたほうがいいでしょう。

　では、学習者の一時的な後戻りの段階や定着化を前にした教師には、何ができるのでしょうか。実は、何が引き金になって中間言語の再構築が起きるかということや、どのように学習者が一つ上の段階に進むのかということに関しては、様々な議論があります。インプットが増えたり、学習を続け言語能力全体が上がることで、ある程度自然に前に進んでいくのかもしれませんが、学習者自身が「通じればいい」という気持ちではなく、「より正しく話したい」「より効果的に伝わる言い方をしたい」といったニーズを持つことが、習得を促進するとも言われています[10]。また、最近期待されているのは、学習者の注意を言語形式に向けさせること、特に誤りへのフィードバックによる習得促進の効果です。これらに関しては、第7章で詳しく述べたいと思います。

> ［この章のまとめ］
> 1. 第二言語を習得する過程で学習者は「新しい言語体系」を作っていく。この言語体系は「中間言語」と呼ばれる。中間言語体系は常に修正されながら徐々に目標言語体系に近づいていく。
> 2. 中間言語の発達の過程では、新しく学ばれたことが入ってくると、それまでの中間言語体系の中にすでにあったものと合わせて、中間言語体系が「再構築」されていく。
> 3. 中間言語は常に直線的に発達していくとは限らず、U字型曲線を描く現象が見られたり、定着化して先に進まないこともある。中間言語の発達は時間のかかるプロセスである。

9　Long（2003）
10　R. Ellis（1999）

[練習問題]
　自分の外国語学習を振り返って、どんな独自のルールを作っていたか、また、何が影響してそのようなルールを作ったかを考えてみましょう。

第3章 学習者の母語は第二言語習得にどう影響するか

　私たちが英語を学ぶときによく「日本人英語」とか、「日本人によくある間違い」という言葉を聞くと思います。これらは、日本人が日本語から直訳で英語を話したり、日本語的発想で英語を話してしまうとよく起こることです。ですから、英語が上手になるためには、直訳をしないこと、英語で考えること、英語の発想を学ぶことなどが必要だと、よく言われます。このように、外国語が上達するためには、母語を通して考えない、母語から離れることが必要だというのは、誰もが思うことでしょう。

　第二言語習得には学習者の母語は大きく影響します。しかし、母語は第二言語学習の邪魔になるだけなのでしょうか。この章では、学習者の母語が第二言語習得にどのような影響を与えるのかを考えます。

1．母語は悪者か

　第1章でも触れたように、対照分析やオーディオ・リンガル・メソッドの時代には、母語と目標言語の違いを分析することで学習者の誤りや習得困難点が予測できると考えられていましたが、その後、学習者の誤りには母語だけでは説明できないものも多いことが明らかになってきました。しかし、それでもやはり、母語と目標言語の異なる部分は習得が難しいことが多いのも事実です。第二言語習得には母語は大きく影響します。ただ、母語の影響に関する考え方は大きく変わってきています。

　対照分析やオーディオ・リンガル・メソッドの時代には、第二言語を学ぶことは新しい習慣を形成することと考えられ、母語を使うときの習

慣は新しい習慣形成の邪魔になるものと考えられていました。つまり、「母語は習得を邪魔する悪者」だということです。また、今でも教育現場では、「学習者は、どうして母語を通して考えてしまうんでしょうね」と言った「嘆き」が聞かれたりします。

　しかし、本当にそうなのでしょうか。私たちは、母語の知識を全く使わないで、外国語が効率的に学習できるのでしょうか。実は、私たちは母語知識を持っているからこそ、外国語が効率よく学習できるのです。私たち人間は、幼児の時代に母語を学びながら「言語を使うこと」自体を習得していきます。「動き」を表すために動詞を使ったり、その動きが向かう対象を目的語で表したり、ある物がどんな物かを表すために修飾語を名詞の前や後ろにつけたり、そのようなことを、母語習得を通して学んでいきます。

　たとえば、日本語母語話者は、「大きい」という言葉を「リンゴ」という名詞の前につけて、どんなリンゴかを示すことができることを知っているので、英語でa big appleという表現を学ぶのも、それほど難しくはありません。フランス語のように形容詞を名詞の後ろにつける言語を学ぶ場合でも、位置が違うことさえわかれば、形容詞の働きそのものが理解できないことはないでしょう。また私たちは、「このリンゴは大きい」というように、形容詞を述語として使う使い方も知っているので、英語でThis apple is big.という言い方ができることにも疑問を感じません。さらに、delicious、redなどの言葉がbigの仲間で同じような使い方ができることも、わかります。日本語学習者の場合も、筆者自身はこれまで教えていて、「このリンゴは大きい」という言い方と「大きいリンゴ」という言い方ができることにびっくりされたことは今のところありません。しかし、もしも私たちが母語の知識をすべて忘れて新しい言語を学ぼうと思ったら、このような知識もないわけですから、大変なことです。実際、日本人の子どもの母語習得では、「これ、おいしい」のように形容詞を文末で使うようになってから、「おいしいリンゴ」のように修飾語として使うようになるまでには、数ヶ月かかります[1]。

2．母語の転移

　このように私たちは、新しい言語を母語とは別にゼロから学ぶわけではなく、母語知識をフルに活用しながら外国語を学んでいきます。つまり、一つ目の言語を学びながら身につけた「言語能力」をもとに、二つ目以降の言語を学んでいくということです。

2．母語の転移

　何かで身につけた能力が、ほかのことに利用されたり、影響したりすることを「**転移**」と言います。上に挙げた形容詞の例のように、学習者の母語の知識によって習得が促進される場合、「**正の転移**」と呼ばれます。普通、母語での表し方と目標言語での表し方が似ている場合、正の転移が起こりやすくなります。韓国語と日本語は非常によく似た言語なので、韓国語母語話者が日本語を学ぶ場合、韓国語の知識を使うことで日本語の学習は効果的に進みます。たとえば、日本語の「は」と「が」の使い分けは、多くの学習者にとって頭の痛いところですが、韓国語には同じような使い分けがあるので、韓国語母語話者の場合、母語での使い分けの仕方を利用していけば、かなりの部分は使い分けられると言われています。このように似ている言語同士、つまり「**言語間の距離**」が近い場合は、正の転移が多くなります。英語を学ぶ場合であれば、スペイン語やドイツ語母語話者のほうが、日本語母語話者よりも言語間の距離が近いため正の転移が多く、圧倒的に有利です。

　逆に、自分の母語と違うところに母語知識を利用して、母語と同じように表現してしまうと、誤りになったり不自然な表現になったりしてしまいます。たとえば、日本語では「結婚する」と言う場合、格助詞の「と」を使って「彼と結婚する」という言い方をしますが、英語ではmarry him のように直接目的語をとるか、get married to him のように使うので、英語母語話者が日本語で「彼を結婚する」「彼に結婚する」と言うのを時々耳にします。逆に、筆者自身はついつい marry with

---

1　Ozeki & Shirai (2007)

him のように言ってしまうことがあります。確かに映画やドラマなどでは"Will you marry me?"のような台詞もよく聞きますが、どうも「結婚する」を他動詞として使うことに違和感があって、今でもしっくりきません。このように、母語知識を使うことがマイナスに働いてしまう場合の転移は「**負の転移**」と呼ばれています。「負の転移」は、「母語は習得を邪魔する悪者」という見方をされてきた時代は「母語の干渉」という非常にネガティブな呼び方をされていましたが、現在の第二言語習得の分野では「干渉」という用語はあまり使われなくなってきています。また、負の転移は間違った表現になるので目立つため、母語の転移全体が悪者になっていたのですが、実は目立たない正の転移も、かなり起こっているのです。

3．転移は母語からのものだけではない

　また、転移は母語からの転移だけではありません。たとえば、一つの外国語をすでに学習した学習者が次の外国語を学ぶときは、母語からの転移だけではなく、一つ目の外国語からの転移も起きます。筆者自身も大学の第二外国語でフランス語を勉強したときは、「この言葉は、英語の we に当たるんだな」とか、「この条件法というのは、英語の仮定法みたいなものだな」という形で英語の知識を利用していましたし、英語と同じように考えて、間違えてしまうこともありました。また、ある広東語の学習者は、広東語を話すときも、つい英語のように疑問詞を文の頭に置いてしまうと言っていました。英語では What、Who などの疑問詞は文頭で使われますが、広東語では日本語と同じように疑問詞を文中でも使えるので、「これは何ですか」のような言い方ができます。日本語と同じようにすればいいので難しくないはずなのに、既習の外国語である英語のほうから転移が起きていると考えられます。日本語学習者の場合も、たとえばインドから来た学習者には、自分の出身地方の言語とヒンディー語と英語の3言語を話す人が多いので、そのような学習者の場合、いろいろな言語から転移が起きると考えられます。

4．母語の転移はいつ起きるか

　上述のように、言語間の距離が近ければ正の転移は多くなり、言語間の距離が遠ければ正の転移より負の転移が多くなります。ただし、もちろん言語間の距離が近くても異なるところはいろいろあるので、負の転移が起きないということではありません。日本語の「は」と「が」に相当する韓国語での使い分けも、すべてが同じということではないので、韓国語母語の日本語学習者が母語と同じように使い分けていけば、負の転移も起きます。また、言語間の距離が近いと、転移そのものが多くなると言われています。特に、実際の距離が近いだけでなく心理的距離も近い場合、つまり学習者自身が自分の母語と目標言語の距離を近いと感じていると、転移が起こりやすくなると考えられています[2]。似ていると思っていればいるほど、母語と同じように考えればだいたい大丈夫だと思い、積極的に母語知識を使っていくのでしょう。

　さて、ここで母語の影響について少し整理をしておきたいと思います。第1章で、「対照分析の時代には母語と違うところは難しく、誤りはその違いによって起きると言われていたが、その後母語と目標言語の違いだけでは誤りは説明しきれないことがわかった」と述べました。これは、母語と目標言語を見ているだけでは十分ではない、つまり言語転移だけでは学習過程を説明できないということであって、母語の影響を考える必要はないということではありません。第二言語習得を理解するためには、やはり、母語と目標言語を見ることも必要です。ただし、第二言語習得には、母語に関わらない普遍的な部分と、母語や環境や個人差などによって異なる個別的な部分があることがわかっています。ですから、その両方の部分をきちんと考えていくことが必要とされています。

　そのために大切なことは、ある言語の母語話者だけを見ていても、言語転移のことはわからないということです。たとえば、第1章で述べた

---

[2] Kellerman (1983)

ように、「赤いの車」「昨日買ったの本」のような「の」の過剰使用は、中国語母語話者に多く見られるため、中国語の「的」の影響による誤りだと言われていましたが、現在では、中国語母語話者以外の多くの学習者にも共通して見られ、日本人の幼児の母語習得の過程でも見られる誤用だということがわかっています。ただ、中国語母語話者と韓国語や英語母語話者との比較から、「要因は母語の影響だけではないけれど、中国語母語話者の場合はやはり母語も関係している」ということが指摘されています。このように、ある現象が母語の影響であるかどうかは、ほかの言語を母語に持つ学習者も見てみないとわからないのです。

　よく、中国や台湾からの留学生が、「これは中国語話者には難しいです」と言いますが、筆者の経験からはそういう場合はほとんど中国語母語話者だけではなく、韓国語や英語など他の母語話者にとっても難しいことが多いです。たとえば、「ている」の結果状態の意味は、「中国人にとっては難しい」ということを言う学生がよくいますが、実は今までの研究でそれは中国語母語話者だけではなく、ほとんどの母語話者にとって難しいということがすでにわかっています[3]。つまり、中国語母語話者について知るためには、中国語母語話者だけを見ていても駄目で、ほかの言語の母語話者と比較しなければ本当のところどうなのかはわからないのです。ほかの言語の母語話者と比較してみて初めて、何が中国語母語話者に特有の難しさなのかがわかる、ということです。

5．言語転移が起きやすい領域

　現在では、第二言語習得には様々な要因が影響を与えることがわかってきており、言語転移もその多くの要因の一つだと捉えられています。そして、現在の言語転移研究では、どんなとき、どんな条件で転移が起きやすいのかを明らかにすることが研究の中心課題になっています。

　外国語学習には、文法、語彙、発音、会話の進め方など様々な面があ

---

[3] Shirai & Kurono (1998), Sugaya & Shirai (2007) など

りますが、そのどんなところに転移が起きやすいのでしょうか。これまでの研究では、文法の学習では転移の影響はあまり強くなく、発音、語の意味、談話面で転移の影響が強いと言われています。

■発音

　発音は最も母語の影響が大きい領域だとされています。たとえば、日本人は、英語のrとlの区別や、thの音が苦手ですし、韓国語母語話者が日本語を学ぶときは、「ぜ」の音が「じぇ」になってしまったり、韓国語・中国語母語話者ともに「か」と「が」など日本語の清音と濁音の区別が難しかったり、多くの学習者が母語の影響で何らかの苦労をしています。

　もともと私たち人間は、生まれたときには特定の言語の母語話者として生まれるわけではないので、日本人の場合も赤ちゃんを対象に実験をするとrとlを聞き分けられます。ただ、母語を習得していく過程で、その言語を聞き取り話すために必要な違い以外は違いとして認識しないようになっていくので、日本語を母語として習得していけばrもlも同じラ行音として認識するように育っていきます。「聞き取れなくなる」という退化ではなく、母語を効率的に聞き取り使うために必要なことなのです。また、発音も自分の母語にある発音をするために必要な筋肉だけを使って長年発音してきているので、口や舌を生まれてからしたことのない形にして音を出すのは大変なことです。

■語彙の意味

　また、言語転移は、母語と目標言語の間に対応物が見つけやすいところに起こりやすいと言われており[4]、語彙に関しては、まさに1対1の対応関係が作られやすいため転移が大きいと考えられます。たとえば、日本語のクラスで、欠席した学習者に翌日「昨日はどうしたんですか」

4　田中・阿部（1988, 1989）

と聞くと、よく「昨日は病気でした」という答えが返ってきます。たいていの場合、風邪気味だったり、気分が悪かったりしただけのようなのですが、英語のsickと日本語の「病気」を対応させて理解すると、負の転移が起きてしまいます。日本語の「病気」と英語のsickは意味範囲が異なり、sickのほうは「具合が悪い」「気分が悪い」という意味でも使うので、このような使い方をしてしまうのでしょう。また、留学生が「昨日は研究室で働きました」と言うのを聞いて、先生の手伝いのアルバイトでもしたのかと思うと、そうではなく自分の研究をしていただけだったりします。これも、英語のworkはこのように「勉強する」ときにも使えるため、「働く」＝workと対応させたことで負の転移になってしまったわけです。語彙に関しては、このように対応関係を作りやすいため転移が起こりやすく、意味範囲がうまく重なっている場合はそれが正の転移になるのですが、この例のように意味の範囲がずれていることも多いため、その場合は負の転移が起きてしまいます。

　対応関係が作りやすいと言えば、やはり同じ漢字語を共有する漢字圏の学習者の語彙学習でしょう。たとえば、中国語では日本語と異なり「愛人」という言葉が「愛する人」の意味で、特に自分の夫や妻を意味して使うことが多いのですが、このように全く同じ漢字語でも意味が異なったり、意味の範囲がずれていることがかなりあり、そのような語では負の転移が頻繁に起こることが指摘されています[5]。漢字圏の学習者からはよく、「漢字の言葉は同じだから難しくない」という言葉が聞かれますが、前述のように、学習者が目標言語と母語の距離を近いと感じていると転移が起きやすいことを考えれば、漢字圏の学習者の漢字語学習に転移が起きやすいことは当然とも言えます。早い段階から、漢字語の表す意味は同じではないことが多いことを学習者に知らせ、違う部分がかなりあることを意識しながら母語知識を有効に活用できるように、指導していくことが重要でしょう。

---

[5]　陳（2009）

なお、「病気」や「働く」のような基本的な語彙の場合、その表す意味範囲をきちんと教えておくことも必要ではありますが、限られた時間の中で単語一つひとつの表す意味領域を丁寧に教えるというのも難しいでしょう。また、日本語の「病気」や「働く」にはこういう意味は含まれないというようなことは、辞書を見てもわかりません。しかし、学習者は自分が「病気」や「働く」などそれぞれの語に結びつけている意味を修正していかなければなりません。後の章で詳しく述べますが、その修正のために役に立つのがフィードバックです。「病気です」と言われることには教師は慣れてしまっていることも多いと思いますし、言いたいことはわかるので、つい流してしまうこともあるかもしれませんが、このような非常によく起こる転移の場合、流してしまったりせずに、時にはフィードバックをすることも大切です。わかっていても、「えっ？どうしたんですか？」というようにしっかり驚いてあげて、「病気だ」と言われた相手がどう感じるかということを経験させるというのも、場合によっては有効でしょう。

■談話領域

 談話の領域も転移が大きいと言われています。会話でも書くときでも、普通は一文だけで終わることはなく、複数の文が集まって意味のまとまりを持ちますが、そのような発話や文のまとまりを「談話」と言います。

 談話の構成の仕方の面では、日本語では背景説明や理由などを述べてから結論を述べるという順序になる一方で、英語では先に結論を述べてから理由を述べるということがよく言われますが、このような自分の言語での述べ方は転移しやすいと言われています[6]。

 また、人に依頼をしたり、謝ったり、誘ったり、ほめたりという言語行動をどう行なうかは、言語によって違っています。たとえば、日本語

---

6 Kaplan (1966), Oi (1986)

で誘いを断る場合には、「先約があるんです、すみません」のように理由だけを述べたり、「その日は、先約があって…」「その日はちょっと…」のように文末まで言わない形がよく使われます。しかし、理由をはっきり言って断ることが良しとされている文化圏から来た学習者の場合、「すみません、その日は約束があるので、行けません」のように文末まできちんと述べて断る学生が多く見られます。言葉は、文法的に正しいかとは別に、社会的なコンテクストの中でその時の状況や聞き手が誰かなど様々なことを考えて適切に使う必要がありますが、このように、母語での適切さを基に外国語を使うために起こる転移は**語用論的転移**と呼ばれています。

このような母語でのコミュニケーション・スタイルや文化的背景などが関わる語用論的転移とは別に、語彙や文法面での転移が結果的に語用論的転移につながるものもあります[7]。筆者は上級のクラスで、「先生は、私に例文を作ってほしいですか。」と言われ、さすがにぎょっとしたことがあります。この学生は英語が母語なのですが、英語ではこのような場合、Do you want me to～という表現を使って言うため、この学習者はそのまま転移させてしまったのです。また、英語の勧誘表現 Do you want to～をそのまま訳して、「私たちは今日飲み会に行きます。先生も行きたいですか」のように使ってしまうこともよく起こります。この場合、日本語の「～てほしい」「～たい」を、英語の want someone to～、want to～と同じだと考えたことによる転移なので、実は表現の使い方の転移が原因となっています。

6．典型性の影響

語彙の意味は言語転移が起きやすいと書きましたが、だからと言って学習者はどんな意味でも転移させるわけではありません。筆者が教えていた初級のクラスでは、ある学習者が「あげる」という動詞について、

---

[7] Thomas (1983), Shirai (1992)

6．典型性の影響

「『あげる』は influence（影響）にも使えますか」という質問をしてきました。英語の give は give influence というように使えますが、日本語では「影響をあげる」とは使えません。初級の段階では少し先走った質問ではあるのですが、この学習者が「使えるのか」と聞いたということは、使えるかどうか疑ったということです。学習者は母語で言えるものを何でも転移させるわけではなく、「同じように使える」と思うときもあるし、「使える」と思わないときもあるのです。では、どんなときに「使える」と判断し、どんなときに「使えない」と判断するのでしょうか。この学習者はなぜ、英語で使える「影響をあげる」が日本語でも使えるかどうかに疑問を感じたのでしょうか。

　これまでの研究で、「典型性」というものが転移に影響することが指摘されています。これは、学習者がその使い方が典型的、つまり基本的な使い方だと感じる場合には転移させるが、典型的でないと感じると転移させないということです。英語を学ぶオランダ語母語話者を対象に行なわれた興味深い研究があります。オランダ語には breken という動詞があり、これはちょうど英語の break に当たる言葉で使い方も非常に似ています。オランダ語母語話者に、英語で He broke his leg（足を折った）と言えるかどうか予測させると、ほとんどの人が「言える」と予測するのですが、The man broke his oath.（誓いを破った）や She broke the world record.（世界記録を破った）など様々な用法を英語で言えるか予測させると、すべてオランダ語で言えるにもかかわらず、典型性が低いとされているものほど、「言えない」と答える人が増えていきます[8]。このように、学習者にとって典型的ではないものには転移が起こりにくいと言われており、先ほどの学習者が「影響をあげる」に疑問を感じたことも説明がつきます。

　ただし、母語が同じだからと言って、どの学習者の場合も同じように転移が起こったり起こらなかったりするわけではなく、「影響をあげま

---

[8] Kellerman (1978)

した」という表現を使う学習者にもよく出会います。典型性の感じ方が人によって違うということもあるのでしょう（実際、breken の実験でも個人差が見られるそうです）。あとで述べるように、言語転移には個人差も大きく関わると考えられます。また、学習者は対応する目標言語で何と言えばいいか、表現が見つからないと、母語の形式に頼ることも指摘されています。英語で言えるから日本語でも「あげる」を使えるだろうと思っているわけではなくても、ほかの言い方が見つからない場合、コミュニケーションを進めるために「あげる」を使ってその場を切り抜けている可能性もあります。

7．習熟レベルによる違い

母語の転移は、初級の学習者ほど起こりやすいと言われています[9]。それは、学習の初期段階ほど、目標言語に関する知識が少ないので、頼るべき知識は母語知識しかないことが一つの理由です[10]。目標言語に関する知識が増えてくるにつれて、学習者は、母語知識ではなく、それまでに得た目標言語の知識を使っていくようになります。

また、「言語間の距離」の感じ方も影響すると考えられます。言語間の距離が実際に近い場合だけでなく、学習者が自分の母語と目標言語の距離を近いと感じているとさらに転移が起こりやすいと述べましたが、言語間の距離が近い言語を学ぶ場合でも、学習が進むにつれて、様々な違いがあることに気がついていくでしょう。実際、かなり日本語が上達している韓国語母語話者に日本語学習に関する感想を聞いたところ、「韓国語と日本語は似ているから楽だろうと言われるけれど、二つの言語はそんなに似ていないし、違うところがたくさんあって、それを学ぶのが大変だ」と言っていました。このように、学習者のレベルが上がる

---

[9]　Shirai (1992)
[10]　Taylor (1975)。ただ、そのような言語転移が起きるよりもっと前の、最も早い段階では、逆に母語に関わらない Basic Variety と呼ばれる共通の中間言語が使われるとも言われています (Klein & Perdue 1997)。

につれて、目標言語に関する知識が増えてくるだけでなく、学習者が母語と目標言語の間に感じる心理的距離が離れていく[11]ことも、言語転移が少なくなっていく理由の一つだと考えられます。

8．学習者要因の影響

　転移は、母語やレベルが同じであれば同じように起こるというものではなく、学習者の学習スタイルや性格など、個人差要因もかなり影響してきます。最近では、言語転移は個人の主観的な判断によって起こると説明する研究者もいます[12]。そして、その主観的な判断は、学習者の年齢や学習に対する動機の違い、リテラシー（読み書き）のレベルなど個人的な要因に影響されると言われています。実際、同じように日本語の学習をスタートしても、母語や英語からそのまま直訳したような日本語になってしまう学習者もいるし、はじめからそれほどには負の転移が起こらない学習者もいます。

　残念ながら、学習者の個人差がどのように言語転移に関わっているかを調べた研究は今のところほとんど行なわれていないようですが、母語知識の利用により転移が起こることを考えると、直訳に頼るような学習者の場合、転移の影響が大きくなると考えられます。また、学習者の中には、「〜は〜です」という形を習うときも、「『は』は何だ？、『です』は何だ？」とか、「『は』はisか？」など、一つひとつを自分の母語や英語に対応させようとする学習者が時々います。一つひとつ母語と対応させていく場合も、転移が起こりやすいと考えられます。特に、言語間の距離の遠い言語で、直訳に頼った学習方法をとると、負の転移が多くなってしまいます。

　この点に関しては、全くのゼロから日本語の学習を始めてすばらしい

---

[11] これによって、転移をしてもいいところで転移をさせないということがおこり、いわゆるU字型発達につながることもあります（Kellerman 1985, Shirai 1990）。

[12] Odlin（2003）

上達を見せたイタリア人学習者が、興味深いことを言っていました。この学習者はコース終了後に、「これまでほかの言語を勉強したときは分析的に考えて、結構直訳的に勉強をした。でも、日本語に関しては、最初の授業で、この言語は直訳などは全くできない言語だとわかった。だから、細かく分析したり直訳したりしないで学ぶようにした」と言っていました。ほかにも適性の高さなどがあったのかもしれませんが、言語間の距離が遠い言語であることに学習初日に気づき、負の転移を減らしたことが、この学習者の成功のカギだったのかもしれません。

　正の転移が起きて習得が促進されるときも、負の転移により習得が阻害されるときも、学習者がしていることは基本的には同じです。母語知識を利用することそのものが習得の邪魔になるわけではなく、利用すると失敗してしまうときに利用してしまうことが、習得を邪魔すると言えます。その意味では、学習者にとって必要なのは、母語を利用しないことではなく、母語の知識がどこで利用できてどこで利用できないかを知り、その上で活用できるところには大いに母語知識を活用するということなのでしょう。そして、教師にとっては、第二言語習得は母語を基礎にして進むということや、母語知識を利用することそのものが悪いことなのではないことを知っておくことが必要です。

［この章のまとめ］
1．学習者は母語知識を活用しながら外国語を学んでいく。
2．何かで身につけた能力が、ほかのことに利用されたり、影響したりすることを「転移」と言い、転移には正の転移と負の転移がある。
3．母語の転移は、発音、語の意味、談話面で特に強く現れると言われている。

［練習問題］
1．自分の外国語学習を振り返って、自分の学習過程で起きた「正の転移」「負の転移」にどんなものがあるか、考えてみましょう。
2．二つ目の外国語を勉強するとき、一つ目の外国語の知識で利用したものがあるか、あるいは、どんな影響を受けたかを考えてみましょう。
3．ある一つの言語の母語話者だけを見て、その母語話者の間でよく見られる誤りを「母語の転移」によると決めることには、どんな問題がありますか。また、その誤りが本当に母語の転移によるかどうかを調べるには、どんな方法があるでしょうか。

第4章　習得には決まった順序があるのか

「習得順序」という言葉や、「文法項目には変えられない習得順序がある」とか、「習得順序のとおり教えたほうがいい」とか、そんなことを聞いたことがある人もいると思います。本当にそうだとしたら、私たちがどう教えるかを考える際にも、大きな影響を及ぼします。そのような「変えられない習得順序」というものが本当にあるのでしょうか。そして、それは本当に母語に関係なく同じ順序だったり「動かしがたい」ものだったりするのでしょうか。また、そうだとしたら、その順序のとおりに教えたほうがいいのでしょうか。この章では、このような問題について考えていきます。

1.「習得順序」の発見

第1章に書いたように、1970年代、学習者の誤りを見ることが盛んだった時代に、学習者の誤りには母語が原因になっているものはそれほど多くはなく、母語とは関わりなく起きる誤りがかなりあることが明らかになりました。そして70年代は、第二言語習得研究の分野は、母語とは関わらない普遍性を求めていく流れになったのです。80年以降は、前の章で述べたように、母語の影響の重要性が見直されたのですが、「習得順序」は普遍性が求められていた時代の大きな発見でした。

「習得順序」というのは、様々な文法項目が習得される順序のことです。1970年代に盛んに行なわれたのが、英語の形態素習得順序研究で、これは、過去形、三単現の-s、複数形の-s、進行形（-ing）などの異なる形態素が、どんな順序で習得されるかを見る研究です。様々な研究が

行なわれましたが、英語の形態素は、図1のような順序で、進行形や複数形、be動詞は習得が早く、規則動詞の過去形、三単現の-s、所有格の'sは習得が遅いという結果が多くの研究で得られました。これらの英語の形態素習得順序研究の結果が、学習者の母語に関わらずかなり似た結果になっていることから、「母語に関わらない決まった習得順序がある」という仮説が立てられました。その後、次の章で紹介する「モニター・モデル」の提唱者であるクラシェンは、「文法項目の習得には自然な順序があり、それは教える順序によっても変わらない」という主張をしました（**自然な順序の仮説**）。

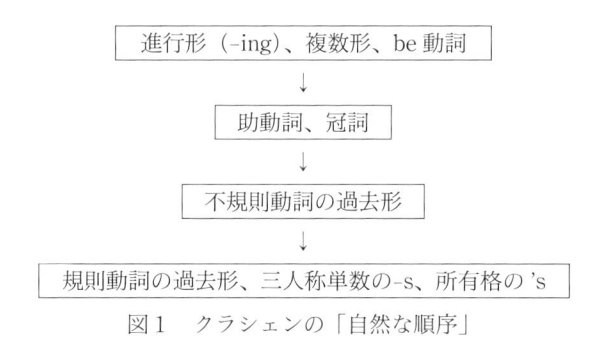

```
┌─────────────────────────────────┐
│ 進行形（-ing）、複数形、be動詞 │
└─────────────────────────────────┘
              ↓
      ┌──────────────┐
      │ 助動詞、冠詞 │
      └──────────────┘
              ↓
    ┌────────────────────┐
    │ 不規則動詞の過去形 │
    └────────────────────┘
              ↓
┌──────────────────────────────────────────┐
│ 規則動詞の過去形、三人称単数の-s、所有格の's │
└──────────────────────────────────────────┘
```

図1　クラシェンの「自然な順序」

　さて、私たち教師にとっては、本当に母語によっても変わらず、教える順序によっても変わらない習得順序があるかどうかは、かなり重要なことなのですが、この話が勝手に一人歩きしている部分もあり、注意が必要です。ここでは、「習得順序とは何がどうなる順序なのか」、「本当に母語に関わらない順序があるのか」、「何にでも習得順序があるのか」、「あるとすれば、そのとおり教えたほうがいいのか」という点について考えてみましょう。

2．「習得順序」とは、何がどうなる順序か

　まず、クラシェンが言っている「自然な順序」というのは、使い始められるようになる順序なのでしょうか。それとも、間違えずに完璧に使

えるようになる順序なのでしょうか。実は、どうなったら「習得」と言うのかに関しては、習得研究者の間でもいろいろな考えがあって、研究によっても違っています。ある形式が使われ始める時点（出現）を「習得」と考える研究者もいますが[1]、一連の形態素習得順序研究で使われている方法の多くは、学習者が正しく使っているものほど習得が早いと考えて順序を決める方法で、「正用順序」というものです。特にこれらの研究では、ある時点の学習者が様々な項目を「使わなければならないところで、どれぐらい正しく使えているか」を調査して、「使わなければならないところで、よりたくさん使えているもの」を習得が早い、「使わなければならないところで、あまり使えていないもの」を習得が遅いとしています。

　一番よく使われた調べ方は、学習者に話をさせて、過去形を使うべきところで過去形を使っているか、三単現の-sを使うべきところで-sを使っているか、進行形を使うべきところで-ingを使っているかなどを調べるというものです（研究によっては、使ってはいけないところで使っていないか、という基準も入れてもう少し詳しく調べています）。ですから、ここで言う「習得」とは、主として、何か意味を伝えようとして話しているとき、つまり文法や形のことをあまり考えないで話しているときでも、それらを使わなければいけないところで正確に使えるようになることです。実は、あとでも述べますが、ゆっくり考えられるテストなどではできるということと、コミュニケーションをするときに無意識に使えるということとは大きく違うため、「習得した」かどうかを筆記テストで見るか、このように口頭で見るかというのは、違う能力を見ていることになります。

　考えてみると、筆者の場合、三単現の-sをいつ使うかは一応知っているし、作文などでゆっくり考えればそれなりに正しく使えますが、「あなたの家族について話してください」などと聞かれて、「父は毎日7

---

[1] Pienemann (1989, 1998) など

時に起きて、朝ごはんを食べて、8時にうちを出て…」というように口で言おうと思ったら、「My father gets up at 7 and eats his breakfast and, それから、えーと、leave home at 8 and…」のように3つ目ぐらいでは -s が落ちてしまいそうです。何かを伝えようと一生懸命英語を話しているときに、落とさず正確に三単現-s をつけるなど、とても無理そうです。その意味では、筆者の三単現の-s は、まだまだ習得されていないことになります。筆者自身は、三単現の-s がそういう意味での習得が遅いことには、直感的には確かにそうだなという感じがしています。

このように、英語のこれらの形態素習得の「自然な順序」がある程度決まっていて、教室でどんな順序で教えてもその順序が変わらないというのは、「あまり考えなくても使わなければならないところで正しく使える」というところにまで至る自然な順序があって、習得が遅いものはその状態にたどり着くまでに時間がかかるということです。

さて、このように、文法項目の間に正しく使えるようになる順序があるようだというのは、重要な発見です。ある文法項目の習得が遅いということは、どんなに学習者ががんばっても習得が遅いということですから、「まだ間違えている」などと教師が目くじらを立てる必要もないし、「なぜいつまでも間違えているんだろう」と心配する必要もなく、気長に構えることができます。第2章でも書いたように、何でも教えたらすぐに使えるようになるわけではなく、習得が遅いものは、使えるようになるまで時間がかかって当然なのだということは教師にとって重要な情報となります。

3．本当に母語に影響されない普遍的順序があるのか

「普遍的な習得順序」があるという仮説が、英語の形態素習得研究の結果が基になっているため、もう少しだけ英語の話が続きます。日本人の読者の方は、図1の形態素習得順序を見て、「本当にそうかな？」と思ったところはなかったでしょうか。筆者が大学院の授業で学生に尋ね

ると、日本人学生の多くは、複数の-sと冠詞が習得が早いほうに入っていることと、所有格の'sの習得が遅いことに、疑問を感じると言います。

　実は、これまでに行なわれた研究でも、日本語を母語とする英語学習者の場合、まさにこの三つの項目が異なる順序になることが報告されています。日本語、韓国語、中国語の母語話者の場合はほとんどが、クラシェンの「自然な順序」に反して、複数の-sと冠詞より所有格'sのほうが習得が早いという結果になっているのです。所有に関しては、日本語でも「ジョンのペン」という形で「の」を付加する形で表現し、John's pen というのとかなり似た形で表されます。一方で、単数と複数の区別は日本語では基本的にはしませんし、冠詞もありません。このように、英語の形態素の習得は、その形態素に相当するものが母語にあるかないかが影響することが明らかになってきており、「母語に関わらない」習得順序ということに関しては、最近では疑問が投げかけられています[2]。

4．どんな文法項目にも決まった習得順序があるのか

　さて、ここまで、英語の形態素習得順序について話をしてきました。では、他の文法項目に関してはどうなのでしょうか。本当に、様々な文法項目に決まった「自然な順序」があるのでしょうか。日本語ではどうなのでしょうか。

　実は、それはまだわかっていません。多くの研究で同じような結果が出て、「習得順序がありそうだ」となっているのは、実は上にあげた英語の形態素ぐらいしかないのです（ただし、これも、前述のように、最近では母語の影響があると言われています）。これら英語の形態素に関する結果から、これ以外の文法項目にも習得順序があるのだろうと仮説が立てられていますが、あくまで仮説です。

---

[2] Luk & Shirai (2009)

また、「習得順序がありそうだ」という結果が出たこれらの形態素の多くは、ある程度「使わなければならないところ」がはっきりしている項目です。たとえば、過去形は過去のことを話す場合使わなければなりませんし、三単現の-sは、主語が三人称・単数で動詞が現在形であればつけなければいけません。「彼が来る」と言いたければ、comesのようにsをつけなければいけないのです。それに対して、たとえば日本語の条件を表す「たら」「ば」「なら」「と」の使い分けはどうでしょうか。これらは、条件的なことを言う際に、その言いたいこと、伝えたいことや、話し言葉か書き言葉かなど、様々な要因をもとに選ばれる形式です。英語の形態素を落とさずに使えるようになる順序に変えられない自然な順序がありそうだということから、「だからほかのすべての文法形式にも変えられない習得順序があるだろう」と言えるかどうかは、それは調べてみないとわからないのです。実際には、日本語の様々な文法項目が正しく使われる順序を、英語の形態素習得研究と同じように調べた研究は、筆者が知る限り今のところ行なわれていないようです。ただ、助詞に関しては、ある程度一致して「は」→「を」→「が」の順に習得されるという結果が出ています[3]。それ以外は、穴埋めテストや、「出現」の基準を使ったものなど、ほかの方法による研究でも、日本語の様々な文法形式で、どの研究でもある程度一貫して同じ習得順序が見られたということは今のところないようです。「文法項目には変えられない自然な順序がある」ということがどこまで言えるかはまだよくわからないと考えたほうがいいでしょう。

5.「発達順序」と「習得順序」

さて、自然な順序があるとすれば、その順序どおりに教えたほうがいいのかというのが次の問題になりますが、その前に、「**発達順序**」について述べておきたいと思います。

---

[3] 土井・吉岡（1990），八木（1996）など

5．「発達順序」と「習得順序」

　第二言語習得の分野では、「習得順序」と別に「発達順序」という用語もよく使われます。「習得順序（acquisition order）」がいろいろな異なる文法項目の習得される順序を指しているのに対して、「発達順序」は、否定文の発達、疑問文の発達というように、一つの構造がどう発達するかというプロセスを指したものです。英語では、developmental sequence という用語ですので、「順序」というよりも発達のプロセスを指していて、「発達の道筋」というほうが近いのですが、「発達順序」という日本語が使われることが多いようです。

　発達順序に関しては、どの学習者もある程度決まった発達の仕方をするということが明らかにされてきています。たとえば、英語では疑問文の場合、Do you ～? のように文の最初に Do をつけたり、Can you ～? のように主語と助動詞を倒置させたりしなければなりませんが、学習者はまず最初の段階では、平叙文の形そのままでイントネーションだけを上昇させて、He work today? のような形で疑問文を表します。次の段階では Wh 疑問文が現れますが、やはり初めは What is he saying? のような倒置はさせずに、What he is saying? や What he saying? という形で使います[4]。その後、倒置をさせた疑問文を使うようになりますが、逆に、倒置をさせてはいけない間接疑問文の中でも倒置をさせてしまったりすることが起こり（例：Do you know where is it?）、その後最終的に、目標言語どおりの疑問文が作れるようになります。

　日本語学習者の場合も、初級のクラスで「～ますか？」「～ましたか？」のように疑問文の最後に「か」をつけることを習った学習者が、会話の練習やタスクなどをしていると「今日図書館へ行きます？」「朝ご飯を食べました？」のように「か」を落として、イントネーションだけの疑問文にしてしまうことによく遭遇します。ほとんどの場合、フィードバックをすると「ああ、そうだった」という感じの反応が返ってくるので、理解していなかったとか、すっかり忘れてしまっていたという

4　例は Larsen-Freeman & Long（1991）

ことではないようです。頭で理解はしていても、最初のうちは、一生懸命コミュニケーションをしようとしていると、発達順序の最初にあるイントネーションだけの疑問文に、ついなってしまうのでしょう。

　また、否定文に関しても、英語の場合、No very good. のように、文頭に no をつけて否定文を作るところから始まり、いくつかの段階を経ることがわかっています。日本語でも、否定文の発達の仕方はある程度わかってきていて、イ形容詞の否定形「〜くない」や、「〜くなかった」のような過去と否定の組み合わせは遅い段階で習得されることなどが報告されています[5]。

　このような発達順序があるということからは、「難しくないです」のようなイ形容詞の否定形を勉強してしばらくたつ学習者が、まだ「難しいじゃありません」とか「難しいじゃない」と言っていても、それは自然なことで、まだまだ習得過程の途中にいると考えればいいわけです。イ形容詞の否定形は普通初級の早い時期に教えられますが、あまり間違えることなく使えるようになるまでには時間がかかる形式だと考えておけばいいでしょう。もちろん、ほうっておけばいいということではなく、のちにフィードバックのところでも書きますが、「難しいじゃありません」と言われたら、「ああ、難しくないんですね」のように自然な流れでフィードバックを返すとか、習得が進むように助けを出すことも必要でしょう。

　ちなみに、筆者自身も、今でも一生懸命英語で何か伝えようとしていると、イントネーションを上昇させるだけの疑問文になって、You can eat sushi? と言ったりしてしまうことがよくあります。さすがに、まだ疑問文の発達の最初の段階にいるというわけではないのでしょうが、このように初期段階の形式が再び出てきてしまうことは**逆行**（backsliding）と呼ばれていて、特に、難しい話題について話したり、学習者に何らかのプレッシャーがあったりすると起こりやすいと言われていま

---

[5] Kanagy (1994), 家村 (2001)

す。学習者の発話を聞いていると、「あれ？この段階になっても、まだこんな間違いをしている」と思うようなことが時々起こりますが、これも自然なことだと考えたほうがいいでしょう。ただし、一時的な逆行なのか、第2章4節で述べた「定着化」なのかの見極めは必要です。

6．発達段階は飛び越えられないという考え方

　習得のプロセスにここまで述べたような「発達順序」や「習得順序」が見られることに関して、このような発達の過程を説明する「**発達段階**」が提案されています。これは、ドイツ語の語順の発達過程を調べたピネマンらが、その研究結果から提案しているもので、第二言語の発達は次のような段階で進むと考えられています[6]。

　　　　第1段階　語彙、I don't know. のような決まり文句だけに限られる
　　　　第2段階　基本的な語順が使える
　　　　第3段階　文末の語を文頭に移動したり、文頭の語を文末に移動したりできる
　　　　第4段階　文中の語を文頭や文末に移動することができる。
　　　　第5段階　単文の中で、様々な要素を認識でき、自由に動かすことができる
　　　　第6段階　複文構造の中で、自由に要素を操作できる

　たとえば、英語学習者の第2段階では、まだ基本的な語順しか使えないので、語順を何も変えないで上昇イントネーションだけで疑問文を作ります。Can you 〜? のように、文中の要素を移動して疑問文が作れるようになるのは第4段階です。この発達段階は、第二言語習得の発達は認知的な制約を受けるという考えが基本にあり、初めから複雑な言語処

6　Pienemann & Johnston（1987）

理ができるわけではなく、だんだんに複雑な処理ができるようになるという理論に基づいています。日本語に関しても、まだ研究は少ないですが、いくつかの研究では、この発達段階に沿って進むという結果が得られています[7]。

さらに、この発達段階は、今の学習者のいる段階より一段階上のものを教えれば効果があるが、段階を飛び越えることはできないと言われています（**教授可能性仮説**）[8]。第2段階にいる学習者に第4段階のことを教えても習得されないということです。教授可能性仮説では、学習者が習得の準備ができた状態のものを教えたときのみ、教えることにより習得が促進されるとされています。ある発達段階の言語処理ができなければ、その上の段階の言語処理はできないということなので、たとえば、単文レベルの処理がまだできていない学習者には、「〜ので」「〜たら」などを使って単文をつなぐような複文レベルの処理は教えてもできないということです。

7．習得の順序どおりに教えたほうがいいのか
7．1　「習得が早い」「習得が遅い」とは、どんなことか

さて、教えるために大切なことは、このような「順序」があるとしたら、私たちはそれをどう考えて、教えることに応用すればいいかということです。これに関しては、たとえばAはBより習得が早いという結果が出ると、一般的には、「だからAをBより先に教えたほうがいい」と考えられやすいようです。特に、「自然な順序の仮説」の「教室で文法を学習しても、習得順序は変わらない」という主張が、「自然な順序どおりに教えたほうがいい」という解釈をされることも多いようです。また、「自然な順序」と「発達段階は飛び越えられない」という話が混同されてしまうこともあるようです。本当に、「習得順序」どおり、つまり、習得の早いものから教え、遅いものは後で教えるほうが効果的な

---
[7]　Kawaguchi（1999）など
[8]　Pienemann（1989）

のでしょうか。それを考える前にまず、「習得が早い」とか「遅い」ということを整理してみましょう。

　2節で述べたように、何を「習得」とするかは研究によって異なっています。学習者が言語項目ＡとＢのどちらを先に使い始めるか（「出現」と呼ばれます）を比べて、先に使い始める形式のほうを習得が早いと言っている研究もありますし、どちらを正確に使っているかを比べて正確に使っているほうを習得が早いと言っている研究もあります。「じゃあ、どちらが正しいの？」という疑問がわくと思いますが、これはどちらが正しいか、という問題ではないのです。ある形式の「習得」というのは、学習者がその形式を使い始めてから、その形式の様々な意味や機能、使い方などを習得し、かなり母語話者に近い使い方になるまで、時間がかかる長いプロセスです。「習得が早い」「遅い」というのも、習得過程のどの面を見るかによって、異なることもあります。ですから、筆者自身は、「習得順序」という用語は使わずに、「出現順序」や「正用順序」などの用語を使うべきだと考えています。

　実際に習得プロセスを見てみると、早くから使っている形式でも、正確に使えるようになるのは遅いという結果が出ているものもあります。つまり、早くから使い始めるようになっても、そのあと非常に時間がかかる形式もあるし、使い始めるまでには時間がかかってもその後正しく使えるようになるまでにあまり時間のかからない形式もあるということです。

　たとえば、「春になると、桜が咲きます」のような条件の「〜と」は、日本語教室などの授業を受けずに生活の中で自然習得をしている学習者でも比較的早い段階から使っています。また、その使い方もとても適切です。しかし、「〜と」には「寒いと、窓を開けてください」のような形で「と」に続く後件で依頼や許可など表現を使うことはできないという制限があります。中級程度以上の学習者を対象に、このような制限がわかって正しく使えるかという実験研究をすると、正しく使えるという観点からは「と」は「習得が遅い」という結果が報告されています[9]。

ですから、「と」は出現という観点から見るとそれほど習得が遅い項目ではありませんが、正しく使えるかという観点から見ると習得が遅い項目になるということになります。つまり、「早くから使えるけれど、正しく使えるまでには時間がかかる」ということです。また、「今日はちょっと忙しいんです。」のような「〜んです」を使った表現は難しいと言われていますが、自然習得の学習者の発話を見てみると、早くから使っています。一方で、「ば」や「なら」は自然習得の人たちの発話では、早い段階ではほとんど出現がなく、このような項目は出現という観点での「習得が遅い」項目だと考えられます。

では、「早くから使えるけれど、正しく使えるまでには時間がかかる」という項目は、「習得が早い」と言ったほうがいいのでしょうか、「習得が遅い」と言ったほうがいいのでしょうか。それは、どちらも正しく、また、どちらも正しくないと言うしかないでしょう。「習得が早い」とか「遅い」ということは、そんなに簡単には言えないということです。大事なことは、ある一時点のデータを見て「習得が早い」とか「遅い」とかを結論づけるのではなく、習得をプロセスとして捉え、どんな習得プロセスをたどるかをしっかり見ることなのです。そして、大切なことは、たとえばどこかの研究発表や論文で、ある項目の習得が早いとか遅いとか聞いたり読んだりしても、「そうか、これは習得が遅いんだ」と単純に鵜呑みにするのではなく、「ちょっと待てよ」と立ち止まり、ここでの「習得が遅い」ということが、具体的にどんなことを言っているのかを、きちんと考えることです。

7.2 「自然な順序」は「教えるべき順序」か

では、教える順序について、まず、自然な順序の仮説から考えてみましょう。自然な順序の仮説の解釈で気をつけなければいけないことは、「自然な習得順序があり、その順序は教室での指導によっても変わらな

---

9 稲葉（1991）

い」という仮説自体は、「だからその順序どおりに教えたほうがいい」という主張とはつながらないということです。この仮説を提唱したクラッシェンは、次の章で述べるように教室での文法指導否定派で、「どんな順序で教えても習得順序は変わらないのだから、教える順序など関係ない」という考え方です。

　そして、自然な習得順序がどんな観点から習得が早い・遅いと言っているかというと、2節で述べたように、「注意を向けていなくても正確に使える」という状態になる順序のことです。ここで言う「習得が遅い」ものは、早く教えても使えないということではなく、正確に使えるようになるまでに時間がかかるということなのです。まずAを教えるとAが習得されて、次にBを教えるとBが習得されて…というように習得が進んでいくのであれば、まずAを教えて次にBを教えるというのがいいのでしょう。しかし、習得はそんなふうに進んでいくわけではありません。どの形式もそれぞれ、時間をかけて習得がだんだんに進んでいきます。習得が遅いからという理由で、あとで教えたとしても、教えれば突然習得されるわけではないのです。習得に時間がかかるものを後回しにすればその分さらに習得が遅れるということも考えられます。習得に時間がかかるものの中には、早めに教えて時間をかけて使えるようになってもらったほうがいいものもあるかもしれません。ですから、日本語の習得研究で、ある程度の習得順序が出されたとしても、「じゃあ、その順番で教えたほうがいいんだ！」という話ではないことは、頭に入れておく必要があります。

7.3　発達段階をどう考えるか

　さて、ここで頭がこんがらがってくるのが、「でも、発達段階は飛び越えられないと言われているのだから、発達段階に沿って教えたほうがいいんじゃないか？」ということです。

　注意しなければいけないことは、飛び越えられないと言われているのは「段階」だということです。たとえば、まだ単文を作れない段階の学

習者に「たら」を教えても習得されないというように、「段階」を飛び越えられないと言っているのであって、「たら」、「と」、「なら」という三つの項目の間に「たら」→「と」→「なら」という習得順序があったとしても、「たら」を飛び越えて「なら」を教えても使えないという話ではないのです。また、ピネマンの発達段階では同じ複文の段階に含まれると考えられる「たら」や「と」や「なら」などの間に、さらに何らかの順序があるか、ということは予測していません。発達段階の話は、ひとつひとつの項目をどんな順序で教えるかということではなく、もう少し大雑把な「段階」ということで考える必要があります。

ただ、この段階のどこに何が含まれるかは、まだ研究が少なくはっきりと言えるわけではありませんし、飛び越えられないという教授可能性仮説も、まだまだ仮説の段階です[10]。さらに、発達段階にならないと習得されない項目のほかに、発達段階とは関係なく教えることができる項目があるとされています。教授可能性仮説はシラバス作りに生かせるとか、学習者がどの段階にいるかを見極め、発達段階に合わせて教えることが重要だと考えられてはいますが、実際には、まだまだ何がどの段階なのか、どの項目が発達段階と関係なく教えられるのかなど、はっきりわかってはいません。

しかし、ここで言われているように、言語発達には段階があり、徐々に複雑な処理ができるようになっていくというのは重要なことです。一つひとつの項目に関して、これを教えてからあれを教える、というような形で考えるのではなく、大きな青写真として頭に入れておくことが必要でしょう。

たとえば、初級の初めのクラスでは、「〜を食べます」「〜へ行きます」などの動詞文を学んだころに、自分のことを話してもらう活動がよく行なわれると思います。動詞文を習って、朝何を食べるかとか、お酒を飲むかとか、スポーツをするかとか、学習者は楽しそうに話をしてく

10　Spada & Lightbown (1999)

れますが、時々、どうしても今の自分に言える範囲で言うことに我慢ができない学生がいるようです。「朝は普通はパンを食べるけれど、忙しいときはコーヒーだけだ」とか、「普段はお酒は飲まないけれど、友だちと一緒だったら飲む」とかどうしても言いたいという学習者から、「if はどう言うんだ」「when はどう言うんだ」などと聞かれることがあります。とりあえず「忙しかったら」とか「忙しいときは」などを教えて、そのときはそう言えたとしても、発達段階の考えに従えば、単文レベルの処理がまだできていない段階では、「〜たら」や「〜とき」を教えても習得はされないということです。ただし、第1段階に「決まり文句」と書いてあるように、「忙しかったら」をフレーズとして覚えて使うということは可能だと考えられるでしょう。このように考えると、妥当な方法としては、文法的な説明は避け、その場では学習者は満足を得られるけれど習得にはつながらないという前提で、「忙しかったら」や「忙しいときは」などをフレーズとして教えるということになるでしょう。うまくいけば、その学習者はその後もフレーズとして使うようになるかもしれません。

　このように授業の中ではよく学習者から、もう少し先に習う文法項目について質問されることがあって、簡単に教えてあげるか、「もう少しあとで勉強するから」ということで待ってもらうか、悩むことがあると思います。このようなときにも、発達段階の考え方は、「まだ、動詞文がやっと言える段階なので「〜たら」は無理かな」というように、「正確に」ではないにしても大雑把な目安にはなるのではないかと思います。また、日本語教育では、初日の授業での自己紹介の会話で「〜と呼んでください。」を教えるなど、コミュニケーションに必要な表現を、文法的にはまだ難しいものでもフレーズとしてそのまま覚えてもらう形で教えることも多いと思います。「フレーズとして覚えてもらう」かどうかを考えるときにも、この発達段階という考えが応用できるのではと考えられます。

7.4 教える順序についてのまとめ

ここまでをまとめると、(1) 様々な項目間の「習得順序」というのは、「自然な順序」があるかどうかもはっきりしていないし、あったとしてもその順序どおり教えるかどうかは別問題と考えたほうがいい、(2)「発達段階」というものを大きく考えるべき、ということになります。

言葉の習得というのは長く複雑なプロセスです。前述のように「習得が早い」とか「遅い」とかを、一つだけの観点から簡単に言うことはできません。また、ある項目の習得が易しかったり難しかったりする理由も様々です。たとえば、仮に、初級後半から中級初めぐらいの学習者が「使役表現」をあまり使っていないということがあったとしても、「初級で使役を教えても使えないようだから、使役は初級で教える必要はない」かどうかはわかりません。第二言語習得の観点から見れば、今のところはそう結論づけられるかどうかはわからないのです。

実は教える順序に関しては、ここまで述べた以外にも議論があって、難しいものから先に教えるという選択肢もあるということが研究からわかっています。また、ある項目がどんなプロセスで習得されていくのか、そもそも教室で文法を学ぶことにはどんな効果があるか、ということも、何をいつ教えるかに関わってきます。このあたりの具体的な教える順序の話は、また7章の教室での文法指導の章で触れていきます。

［この章のまとめ］
1. 「習得順序」は、様々な形式の習得される順序を指し、「発達順序」は、否定文や疑問文のような一つの構造がどう発達するかというプロセスを指したものである。
2. 1970年代に盛んに行なわれた英語の形態素習得順序研究により、英語の様々な形態素には「習得順序」があり、教室でどのような順序で教えてもその習得順序は変えられないと言われている。ただし、習得順序は母語の影響も受けることが明らかになってお

り、また、どんな文法項目にも習得順序があるかどうかは、わかっていない。
3．学習者は初めから複雑な言語処理ができるわけではなく、だんだんに複雑な処理ができるようになると考えられており、そのような発達の段階は飛び越えられないと言われている。
4．「習得順序」があったとしても、その順序どおりに教えたほうがいいということではない。しかし、言語発達の過程では徐々に複雑な処理ができるようになっていくという「発達段階」を、大きな青写真として考えていくことは重要である。

［練習問題］
1．「習得順序」と「発達順序」の違いを、まとめてみましょう。
2．次の調査方法は、それぞれどのような観点から学習者の「たら」と「と」の習得を調べているでしょうか。
　A　学習者の発話データを長い期間収集して、「たら」と「と」のどちらを先に使うようになるかを調べる。
　B　「春になると、桜が咲く」「春になると、お花見をしましょう」のような正しい文や正しくない文を学習者に見せて、正しい使い方かどうかを判断してもらう。
　C　正しく使っているかどうかに関係なく、それぞれの学習者が「たら」「と」を使った表現を集めて、どのようなときに「たら」と「と」を使っているかを調べる。

第 5 章

必要なのはインプットかアウトプットか

　日本語にしろ英語にしろ、どうしたら上達するかという話になると「たくさん話せば上手になる」「とにかく使うことが大事」ということをよく聞きます。でも本当に言語習得に一番必要なことは「たくさん話す」ことなのでしょうか。文法を勉強して語彙をたくさん覚え、それを組み合わせてたくさん話せばそれで上達するのでしょうか。この章では、インプット（聞くことと読むこと）とアウトプット（話すことと書くこと）のどちらがどう言語習得に役立つのかを考えます。

1．言語習得に大切なものはインプットだという考え方

　第二言語習得や第二言語教育の分野では、前の章で述べた「自然な順序の仮説」を提案したクラシェンの理論が大きな影響を与えました。特に、言語習得におけるインプットの重要性を強調したのもクラシェンです。ここではまず、インプットの重要性を含めて、クラシェンの理論を簡単に紹介します。クラシェンの理論は「**モニター・モデル**」と呼ばれ、極端な主張もあるため、その後批判もされているのですが、次の五つの仮説からなっています[1]。

①習得・学習仮説

　クラシェンは、幼児が母語を習得するときのように自然に無意識に言葉が学ばれることを「習得（acquisition）」とし、主に教室などの文法

1　Krashen（1982a）

学習などで意識的に言葉を学ぶ「学習（learning）」と区別しました[2]。そして、「習得」された知識と「学習」された知識は別々に蓄積され、「学習」された知識は「習得」された知識になることはなく、自然なコミュニケーションには役立たないとしています。

②自然な順序の仮説

　前の章で書いたとおり、習得には「自然な順序」があって、それはどのような順序で教えても変えられないという仮説です。

③モニター仮説

　「①習得・学習仮説」のところで書いたとおり、教室での文法学習のような「学習」で身についた知識は、自然なコミュニケーションには役に立たず、自分の発話をチェックする機能（＝**モニター**）しか持たないという仮説です。モニターは発話をする前に行なわれることも後に行なわれることもあります。私たちが英語の授業の中で先生に文を作るように指示されて発話するようなときは、ゆっくり考える時間があるので、「三単現の-sをつけなきゃ」などと頭の中でチェックしてから文を言うことができます。また、言ってしまったあとに「あ、今、三単現の-sをつけなかった」と気がつくこともあるでしょう。このようなことがモニターです。日本語学習者も、教室で教師に指名されて時間をかけて答えられるようなときは、「読みて」と言おうとして「あ、違った、『読んで』だ」と気がついたり、「本を読むのが好きです」のような「の」が入っているかをチェックしたり、いろいろモニターをしながら発話することができます。

　しかし、自然なコミュニケーションの中で一生懸命話しているときは、話す内容を伝えることに精一杯になるのでモニターをする時間も余

2　なお、この区別は、クラシェンの理論での区別なので、本書で使っている「習得」や「学習」という言葉は、クラシェンの区別に基づいた使い方をしているわけではありません。

裕もありません。クラシェンによれば、時間が十分にあり言葉の形式に集中していなければ、モニターは起こらないとされているので、自然なコミュニケーションの中では、モニターに使われる「学習」された知識は出る幕がありません。つまり、クラシェンの考えでは、文法学習で身につけたテ形の作り方や「の」の使い方などの知識は、話すときにテ形の形をチェックしたり『『の』を入れなきゃ」と考えたり、言ってしまったあとに正しかったかどうかをチェックする役目は果たしますが、無意識にテ形を正しく使ったり「の」を入れたりするために必要なのは「習得」された知識だということです。

④インプット仮説

では、「学習」ではない「習得」はどのように起こるのでしょうか。クラシェンは、言語は聞いたり読んだりというインプットを理解することを通して習得されるとしています。そして、そのインプットは、学習者にとって理解できないインプットでは意味がなく、**「理解可能なインプット」**でないといけないとされています。さらに、クラシェンは、現在の学習者の言語レベルよりも少し高いレベルのインプット（**「i＋1のインプット」**）が必要だとしています。インプット仮説によれば、言語習得はインプットを理解することによってのみ起こり、文法学習や、話すこと（アウトプット）は、「習得」には必要ないとされています。

⑤情意フィルター仮説

最後の「情意フィルター仮説」は、どんなに理解可能なインプットを理解しても、学習者の動機づけが低かったり、不安度のレベルが高かったり、自信がなかったりすると、情意フィルターが高まり、習得が起こらないという仮説です。「情意フィルター」というのは、入ってきたインプットをブロックしてしまう精神的なフィルターのように考えるといいでしょう。言語習得は、情意フィルターが低い状態、つまり、動機づけが高く、学習者がリラックスして、不安を感じていないような状態で

ないと起こらないという仮説です。

　これらの仮説についてどのように感じたでしょうか。「自然な順序の仮説」については前章で書きましたが、①と③の意識的に学習した知識はモニターにしか役立たないという仮説は、言葉を教える教師にとってはかなり抵抗のある主張かもしれません。一方で、学習者の立場で思い起こすと、教室で習った知識ではなかなか使えるようにならないという話には、実感できる部分もあるのではないでしょうか。この、教室での意識的な学習が役に立つのかという問題は、インプットとアウトプットの話のあと、第6章で考えます。

　さて、インプット仮説は、クラシェンの理論の中で中心となる仮説です。「i+1のインプット」の「i」は、学習者の現在の言語能力を指しています。その「i」がきちんと定義されていないということなど、批判を受けている部分もありますが、インプットを理解することが言語習得には必要不可欠であるという点について、それを否定する習得研究者はいません。ただ、クラシェンがインプットのみが習得に必要で、アウトプットは必要ないと言っていることに対しては、議論が起こっていきます。

2．言語習得にはインターアクションが必要という考え方

　クラシェンが、インプットを理解することのみが習得を促進しアウトプットは必要ないとしているのに対して、学習者と母語話者とのインターアクションが言語習得には必要であるという考え方が出てきます（**インターアクション仮説**）[3]。インターアクションというのは、ほかの対話者と言語を使ってやり取りをすることを意味します。ただし、母語話者とインターアクションをする、つまりやり取りをすることが習得を促進すると聞くと「やっぱり、ネイティブとたくさん話すことが大事」とい

3　Long（1980）

う感じがするかもしれませんが、インターアクション仮説では、「話すこと」そのものが習得を促進すると言っているわけではありません。インターアクション仮説でも、習得を引き起こすものは理解可能なインプットであるという考えが基本にあります。インターアクションによってインプットの理解度が高まり、それが言語習得につながるという考え方です。

　コミュニケーションの最中にうまく通じない、よく理解できないなど、コミュニケーションに問題が起きた場合、聞き返したり、意味を確認したり、もう一度言ってもらったり、ほかの言葉で言い換えてもらったりといったコミュニケーションを修復するための努力が行なわれます。このようなコミュニケーション修復のためのやり取りは「**意味交渉**」と呼ばれます。この意味交渉によって、母語話者のインプットが理解可能なものになり、習得につながるということです。

　たとえば、まだ「どんな〜」という疑問文の意味がわからない日本語学習者が、「どんな音楽を聞きますか」と聞かれたら最初は質問の意味がわからないので、「どんな？」と聞き返したり、「すみません？」とか「ちょっとわかりません」「もう一度言ってください」のような形で意味交渉を始めるでしょう。母語話者は、「えーと、どんな音楽っていうのは、クラッシックとか、ロックとか、ジャズとか…」のような形で、相手にわかるように説明しようとするでしょう。これによって、学習者には最初はわからなかった「どんな音楽を聞きますか？」という表現の意味がわかり、理解可能なインプットとなります。

　自然な会話をただ聞くだけでは、一人ひとりの学習者にとっての理解可能なインプットはなかなか得られません。教室では、私たち教師がそれぞれのクラスのレベルに合うように、あらかじめレベルごとに調整された教材（初級用の聴解教材など）を選んでいますが、それも学習者一人ひとりから見れば、すべての学習者にとっての理解可能なインプットになっているとは限りません。それに対して、インターアクションの中で意味交渉を行なうことによって、学習者一人ひとりにとっての理解可

能なインプットが得られる機会が増えると考えられています。

3．言語習得にはアウトプットも必要だという考え方

インプットを理解することが言語習得を促進するという考えの大きな証拠の一つとしてクラシェンが挙げたのが、**イマージョン・プログラム**の効果でした。イマージョンという言葉は「浸る」という意味で、イマージョン・プログラムは第二言語そのものを教えるのではなく、算数や理科などの「教科」を第二言語で教え、まさに第二言語に浸らせる教育方法です。基本的には文法教育を行ないませんが、カナダの学校でのフランス語のイマージョン・プログラムなど、大きな成功をおさめています。

ところが、カナダのイマージョン・プログラムでフランス語を学んだ子どもたちのフランス語能力を詳細に調べたところ、リスニング力やコミュニケーション能力は非常に高くなっているのに対し、文法的な正確さや社会的に適切な表現を使う能力（社会言語能力）が劣っているということがわかりました。そこから、理解可能なインプットは必要であるが、それだけで十分ではなく、言語習得にはアウトプットも必要であるという主張がされるようになってきました（**アウトプット仮説**）[4]。

何かを聞いたり読んだりして理解するというプロセスでは、そのトピックに関する一般的な知識やその文脈から得られる知識など、様々な情報の助けを借りて理解が行なわれます。たとえば、私たちがYesterday I studied Japanese. という英語を聞いた場合、Yesterdayという語により昨日のこと、すなわち過去のことだとわかるので、studiedの-edを聞いて過去のことだと判断するという文法処理をしないでも過去だという意味がわかってしまいます。このように私たちは第二言語の理解の過程では、意味内容を表す語を中心に意味処理をしており、インプットの意味が理解できている場合でも、インプットの中にある言語情報がすべ

---

[4] Swain (1985)

て処理されているわけではないと言われています。意味処理のレベルで終わるのでなく、文法処理のレベルまで引き上げるには、アウトプットが必要だという主張がなされています。

4．アウトプットの効果

では、アウトプットをすることには、どんな効用があるのでしょうか。アウトプット仮説では次のような効果が言われています。(1) アウトプットをすることで、「自分の言いたいこと」と「言えること」とのギャップに気づくことができる、(2) インプットをするときには必ずしも言語形式に向かない注意を、言語形式に向けさせることができる、(3) 相手の反応（フィードバック）によって仮説検証ができ、目標言語と自分の中間言語とのギャップに気づくことができる、ということで、これらが言語習得を促進するとしています。また、アウトプット仮説を提唱しているスウェインは触れていませんが、アウトプットの効果にはもう一つ、「**自動化**」ということが言われています。ここでは、まずアウトプット仮説でスウェインが言っているアウトプットの効果について考えてみましょう。

4.1　「言いたいこと」と「言えること」とのギャップへの気づき

何か自分の言いたいことがあってそれがうまく伝えられないということが起こると、学習者は「自分にそれが言えない」ということに気がつきます。これが、言いたいことと言えることの「**ギャップ**」です。しかし、インプットを理解するという活動だけでは、そのような気づきは起こりません。第二言語習得の過程では、このような「ギャップへの気づき」が重要な役割を担うと考えられています。ギャップに気づくことで、それを埋める新しい知識を取り入れるためにインプットに注意を向けるようになるなどの効果があるからです[5]。

---

[5]　Gass & Alvarez Torres (2005)

4.2　言語形式への注意

　さらに、アウトプットによって何かを伝えようとすることにより、学習者はその意味を伝えるために必要な言語形式に注意を向けるようになると言われています（ここでいう「言語形式」とは、語彙、文法、発音、表記など、言語が表される「形」のことを指しています）。学習者が何か言おうとして通じない場合、相手に通じる「理解可能なアウトプット」にするためにアウトプットを修正していきます。次の例は、筆者が大学院生時代の研究仲間と一緒に日本語のクラスを開講していたときの、教師と学習者（マラティ語母語話者）のやり取りです。

> 学習者：日本語は、今、あー、インドにも、少ない、インド人は、ちょっと少ないです。
> 教師　：何が少ないですか？
> 学習者：日本語ー、に上手、あー、上手に、なった？、インド人の人は、少ないです。

　この学習者は初め、言いたいことがうまく表現できていませんが、アウトプットを一生懸命修正して、「日本語（が）上手になったインドの人は少ない」という理解可能なアウトプットにたどり着いています。このような「言語形式へ注意を向けながらアウトプットを修正していく過程が言語習得を促進する」という仮説がアウトプット仮説です。アウトプット仮説では、私たち教師に必要なことは、学習者が自分のアウトプットを修正していくように"push"する、つまり仕向けていくことだと言われています。このようなアウトプットは"pushed output"と呼ばれており、なかなかぴったりの日本語訳がないのですが、「強制アウトプット」「強制されたアウトプット」などと訳されています。

4.3　アウトプットによる仮説検証

　第2章で中間言語は常に修正され発達していくと述べましたが、中間

言語が修正されていくために重要な役割を果たすのが、**仮説検証**です。学習者は、自分が持っている中間言語が相手に通じるか、適切なものであるかを、使ってみて相手の反応を見ることによって、仮説検証していくと言われています。

　筆者は何年か前に、中上級のクラスにいたフランス人学習者（20代後半の男性）から、クラスで飲み会をした翌日にEメールをもらったのですが、そこに「昨日はありがとうございました。とても楽しゅうございました。」と書かれていて、びっくりしたことがあります。そのあと本人に会ったときに、「楽しゅうございました」をどこで聞いたのかと聞いてみたら、テレビ番組で使っているのを聞いて丁寧な言い方だと思ったので使ってみたと言っていました（ちなみに、この学習者が聞いたのは「おいしゅうございました」だったそうです）。この学習者は、その表現の使われた場面や使った人の雰囲気や話し方全体の丁寧さから、「…しゅうございました」が「…かったです」の丁寧な言い方だということを理解したのでしょう。そして、インプットから得たこの表現を早速使ってみて、仮説検証をしてみたのです。その結果、この学習者は、丁寧な言い方ではあるのだけれど若い男性が使うとちょっと…というフィードバックを受けることができました。

　興味深いことに、3節で述べたカナダのイマージョン・プログラムの子どもたちも、社会言語能力、つまり話す相手によって適切な表現を選ぶような能力があまり身についていないと報告されています。日本語の場合、特に言語表現の性差、年齢差などが大きい言語なので、丁寧かどうかというだけでなく、インプットから得た表現が自分も使える表現なのかというところにも学習者は注意を向ける必要があり、それはインプットだけでは習得するのは難しいところなのかもしれません。

　ただ、仮説検証と言っても、使ってみれば常に検証できるというわけではありません。たとえば、友だちに対して「今日は渋谷にすしを食べます。」と言ったとしても、意味は伝わるので、ほとんどの日本語母語話者からは「へえ、いいですねえ」などの反応が返ってきて、聞き返さ

れたり、直されたりすることはほとんどないでしょう。第1章で、意味の理解に関わるグローバル・エラーと、意味の理解に関わらないローカル・エラーの違いに触れましたが、このようにローカル・エラーの場合、通じてしまってそのまま答えてくれるので、フィードバックが得にくく、母語話者の反応での仮説検証もしにくいと考えられます。

　また、社会言語学的な誤りも、そのままにしておく母語話者が多いでしょう。語用論的転移のところで書いたような「〜たいですか」を使って、「私たちはこれから飲み会に行きます。一緒に行きたいですか。」という形で誘ってもらった場合に、せっかく誘ってくれているのに、ここで誤りを直したりする母語話者はあまりいないでしょう。実際、中級や上級のクラスで、「〜たいですか」や「〜てほしいですか」の使い方について話すと、「え、知らなかった。ずっと使っていた」と多くの学習者が非常に驚きます。この反応からも、多くの学習者はこのような語用論的誤りをしていても、母語話者からのフィードバックは得られていないか、身についていないことがわかります。

4.4　肯定証拠と否定証拠

　このように限界はあるにしても、アウトプットには、インプットを理解しているだけでは得られない効果があると考えられています。ただし、もちろん、中間言語の修正はインプットによっても起きます。これも筆者がテレビでメジャーリーグの野球を見ていたときの英語の例ですが、ランナーが一人いるところでバッターがいかにもアウトになりそうな当たりを打ったのに、相手の守備が悪く二人ともセーフになったという場面がありました。そこでアメリカ人のアナウンサーが言ったのが"everybody's safe !"というものでした。筆者は「え、そんなにランナーいたかな」と思って思わず確認してしまったのですが、やはりランナーは一人だけなので、セーフになったのはバッターとランナーの二人です。日本語の「みんな」や「みなさん」「全員」などは二人では使わないので、英語のeverybodyは二人の場合も使うことを知り驚きました。

このように、「目標言語で何が言えるか」を示す情報を「**肯定証拠**」と言います。インプットからはたくさんの肯定証拠が得られ、幼児の母語習得の場合、基本的に肯定証拠によって習得が起きていきます。

　ただ、インプットの中には肯定証拠がたくさんあっても、学習者が常にそれに気がつくとは限りません。前述の「上や中などのあとは『に』を使う」という中間言語を作った学習者が、上や中などのあとに「で」も使うことに気がつかなかったという例も、まさに、インプットだけではなかなか気がつかないこともあることを示しています。その学習者は、「山の上でお弁当を食べた」ことを言おうと思って、つまり、アウトプットをしようとしたことによって、自分が持っている中間言語が目標言語とは違っていることに気づくことができたのです。

　さらに、「何が言えないか」ということを気づかせてくれる情報、つまり「**否定証拠**」は、インプットを聞いているだけではなかなか得られないと言われています。「おいしい」の否定形として「おいしくない」が使われることはインプットから得られますが、「おいしいじゃない」ではダメだということを直接示す情報はインプットにはありません。

　以前、中級のクラスで自己紹介の作文を書かせたところ、「わたしはジョンと申す。オーストラリアから参った。」と書いた学生がいました。話し言葉での「わたしはジョンと申します。オーストラリアから参りました。」という自己紹介を、そのまま書き言葉にしてみたわけですが、残念ながらサムライのようになってしまいました。「申します」「参りました」「ございます」などは、現代では文末では丁寧体だけで使われ、普通体では使われなくなっているのですが、これは学習者から見ればかなり例外的なルールであり、インプットに触れているだけでは「〜と申す」がダメだ（あるいは、サムライのようになってしまう）という情報は得られません。

　このようにインプットに接しているだけでは得られない否定証拠は、アウトプットをしてフィードバックを受けることによって得られます。否定証拠が得られることは、アウトプットをすることによる大きな効果

だと考えられています。

　なお、子どもの母語習得では親は子どもの文法的な誤りをあまり訂正しないと言われてきましたが、母語習得でもフィードバックは行なわれていることがわかっています[6]。これについてはあとで誤用訂正のところで詳しく述べますが、いずれにしても、幼児の母語習得では教室で外国語を学ぶ成人学習者ほどには誤用訂正を受けていないというのは事実でしょう。否定証拠がそれほど得られないのに、幼児はどのようにして「この言い方はできない」ことを学ぶのかは、意見の分かれるところですが、母語習得の場合、「インプットの中にない」ということが「間接的否定証拠」になるという見方もあります。しかし、成人の第二言語習得で、「インプットの中にない」こと、つまり、「聞いたことがない」ということが、同じように間接的否定証拠になるかどうかはよくわかっていません。ただ、筆者自身は、「これは言わないんじゃないか」という知識は、第二言語習得でも項目によってはある程度インプットから得られると考えています。

　一つの例ですが、英語では、平叙文では Yesterday I went to school. のように時を表す名詞を文頭でも使うけれど、疑問文では Yesterday did you go to school? とはあまり言わず、Did you go to school yesterday? と文末につけて言うほうが普通だと英語のできる人に言われたことがあります（文頭に置くことが非文法的だということではないそうですが）。このようなことはそれまで教わったことはありませんでしたが、確かに Yesterday を文頭に置く疑問文は自分でも使わないし、変な感じがすると思いました。これは Yesterday did you go to school? のようなインプットには触れたことがほとんどないために得られた知識だと考えられます。

　また、前のページで述べた「ござる」や「申す」という言い方ができないという知識も、実は多くの上級学習者は持っているようです。大学

---

[6]　Bohannon & Stanowicz (1988) など

の日本語教授法や第二言語習得に関する講義でこの例を出すと、授業を受けている留学生の多くが大笑いすることからも、それがわかります。ただ、「ござる」や「申す」が使えないことを教わったかと聞くと、教わった記憶はないという学習者が多いようです。おそらく、彼らが触れている現代語のインプットの中では聞いたことがないことと、時代劇や忍者のアニメでは聞くということから、サムライや忍者しか使わないという無意識的な知識となったのかもしれません。

　ただ、このように、「聞いたことがない」ことから「これは言えないだろう」という知識を得るためには、ある程度大量なインプットがある学習環境にいるか、長い年月インプットに触れていることが必要だと言えるでしょう。

5．言語習得には気づきが必要

　ここまでの話の中で、何度か「気づき」という言葉が出てきました。第二言語習得では、この**「気づき」**が非常に重要だと考えられており、習得が起こるためには「気づき」が必要だという**気づき仮説**[7]が提案されています。

　学習者はインプットに触れているだけでそのインプットにあるものを習得していけるというわけではありません。まず、これまで述べてきたように、インプットは理解できるものでなければならないので、たとえば日本語の勉強を始めたばかりの学習者がニュース番組を一生懸命聞いても、そこで習得が起こるというのは考えにくいことです。また、理解可能なインプットに触れて、そのインプットの意味が理解できたとしても、そのインプットの中にあったものすべてが習得されるというわけでもありません。インプットにあるものの中で、中間言語発達のために学習者によって取り入れられたインプットを**「インテイク」**と呼びます。そして、インプットがインテイクになるためには気づきが必要だと言わ

7　Schmidt（1990）

れています。つまり、習得が起こるには意味がわかるだけでなく、そこで使われた言語形式に学習者が気づかなければならないということです[8]。

　一口に気づきと言っても、いろいろなレベルの気づきがあります。たとえば、「〜た」という形で文末に「た」がたくさんあることに気づくレベルの気づきもありますし、この「〜た」が過去のことを話しているときに使われているようだというレベルの気づきもあります。また、前述の、筆者が野球中継の中で英語では二人のときでも everybody を使うことに気がついたという例では、新しい言語形式ではなく、すでに知っている言葉の意味に関する気づきです。これは、「自分の中間言語と目標言語のギャップ」に気づいたことになります。いろいろなレベルでの気づきがありますが、インプットがインテイクになるためには、気づきがあり、さらに意味が理解されることが必要だとされています[9]。最初の例の「た」がたくさんあることに気づいたレベルでは、気づいただけで意味理解はされていないので、まだ習得につながるインテイクにはならないと考えられます。

6．アウトプットのもう一つの効果：自動化

　ここまで、アウトプットの効果を述べてきました。言語習得にはインプットだけで十分なのか、それともインターアクションやアウトプットも必要なのかということに関しては、多くの実験研究が行なわれていますが、今のところ、はっきりした結果は出ていません。つまり、インターアクションやアウトプットが言語習得にどれぐらい必要かはまだよくわかっていないのです。

　また、ここまで読んで気がついた読者の方もいると思いますが、アウトプットが習得に必要だと言っても、アウトプット仮説は「話す」ことそのものが習得を促進すると言っているわけではありません。アウトプ

---

[8] Schmidt（1990）
[9] Schmidt（1990）

ットすることによって、気づきが起きたり、言語形式に注意が向いたり、フィードバックが得られたり、ということが習得を促進するのであって、ただたくさんしゃべれば上手になると言っているのではないことには、注意が必要です。これについては、アウトプット仮説を提唱したスウェインが1993年に出した論文のタイトル"The Output Hypothesis：Just speaking and writing aren't enough"（ただ話したり書いたりするだけでは十分ではない）が、そのことをよく表しているでしょう[10]。

　インターアクションが必要だと主張されているのも、前述のように、インターアクションにより理解可能なインプットがより効果的に得られるという理由からです。新しい知識を習得したり言語体系を作っていくのは、話すことではなく、あくまでもインプットだというのは重要なポイントです。

　では、口に出して話すことそのものには、何も効果はないのでしょうか。ここではスウェインがアウトプット仮説の中では触れていないもう一つの効果、「自動化」について考えてみましょう。

　外国語が使えるようになるには、知識があるだけでなく、それを使えなければなりません。しかし、なかなかそこまでは至らず、知っているけれど使えないとか、テストではできるけれど、話そうとすると出てこないということがあると思います。外国語を話すためには、知識があることと、その知識にアクセスできることの両方が必要だとされています[11]。

　たとえば、学習者が週末のハイキングか何かの約束をしていて「雨が降ったら、どうしますか？」と言いたくても、「たら」を知っていれば必ず使えるというわけではありません。「雨がー、ふ、ふったらー」などと、初めはゆっくり思い出しながら使っていますし、「雨がふり…、あー、んー、ふって、あー、降ったらー」のように、かなりがんばって思い出す学習者もいます。どうしても思い出せず「雨が、降ります、ど

---

[10]　Swain（1993）
[11]　Bialystok & Sharwood Smith（1985）

うしますか」と言ってしまう学習者もいます。ただ、この場合でも、「そうだねー、雨が降ったら、やめる？」などと母語話者からの返事を聞いて、「あ、そうそう「降ったら」だった！」と思い出す学習者も多いと思います。最初から、言いたいことを表す目標言語形式に瞬時にアクセスできて、すらすらと話す、ということは普通は起こりません。だんだんにアクセスが早くなって、最終的には「雨が降ったら」と言いたいときに自動的に「雨が降ったら」が出てくるようになることを、アクセスの**自動化**と言います。

　自動化は、「雨が降ったら」など、「～たら」に相当することを言いたいと思ったときにその知識にアクセスしてそれを使うということが、繰り返されることによって起こります。

　また、ここでは「使う」ということを、話すなどのアウトプットの場面に特定して述べていますが、実際には言語を「使う」ことには聞いたり読んだり理解することも入ります。聞いたり、読んだりする場合も、アクセスの自動化が必要だというのは全く同じことです。学習初期の段階では、「雨が降ったら」と聞いても、その意味をしばらく考え、意味を理解するのに時間がかかりますが、理解する経験を繰り返すことで徐々に自動化されると、もっと素早く理解ができるようになります。

　ただ、気をつけなければならないことは、「繰り返される」ことが必要だからといって、「じゃあ、やっぱり、オーディオ・リンガル・メソッドのような文型練習が必要なんだ」ということではないということです。オーディオ・リンガル・メソッドの文型練習は、文脈から切り離され、形式だけの練習になっているため、それをいくらやっても使えるようにはならないからです。

　学習したことが使えるようになるためには、それが使われる環境と近い環境で「学習」されなければならないということが言われています[12]。文脈から切り離された文型練習で学んだことは、それと似た環

---

[12] Segalowitz（2000）

6．アウトプットのもう一つの効果：自動化

境、つまり文法テストなどでは思い出せるけれど、自然なコミュニケーションの中では思い出せないということです。そのために、テストではできるけれど、実際に使おうと思っても使えない、出てこない、ということが起こるのです。自然なインターアクションの中で使える（つまり、その形式にアクセスできる）ようになるためには、自然なインターアクションの中で繰り返し練習したりする必要があるのです。

また、もう一つ注意が必要なのは、ここで述べているアウトプットの効果は、すでに持っている知識へのアクセスの自動化であって、新しい知識を得たり、中間言語の修正を起こしたりという、言語体系を発達させる効果とは異なるということです。つまり、口に出して練習することそのものから得られることは、すでに知識は持っているけれど流暢には使えないものが流暢に使えるようになるという効果であって、中間言語体系そのものを発達させるものではないということです。

筆者自身は日本語教師になって間もないころ、中上級ぐらいのクラスでディスカッションをさせると、学習者はたくさん話してくれるのですが、すでにある程度の言いたいことは言えるようになっている学習者が今持っている力で話せることをたくさん話すことで、本当に日本語力が上がるのだろうかと疑問を持ちました。第二言語習得理論におけるアウトプットの役割に関する議論を考えると、このような活動は、自動化には役に立っているけれど学習者の言語発達にはあまり役に立たない活動になっていたのかもしれません。ただ楽しく話して終わりということにならないよう、新しくインプットで得たものを使って話す機会になるような工夫をすることが必要でしょう。

インプットとアウトプットに関しては、明らかにはなっていないことも多いとは言え、これまでの研究成果からは、(1) 中間言語の発達を促進するためには、多量の理解可能なインプットを与え、インターアクションが起こる活動をし、アウトプットを産出させるような授業を考えていくことが必要、(2) 自動化のためには、文脈から切り離さず、自然なインターアクションの中でのアウトプット練習が必要だと考えられるで

しょう。

[この章のまとめ]
1. クラシェンの仮説によれば、教室での「学習」で身についた知識は、自然なコミュニケーションには役に立たず、自分の発話をモニターする機能しか持たない。「習得」は理解可能なインプットを理解することによって起こる（インプット仮説）。
2. インターアクション仮説では、第二言語習得にはインプットだけでなくインターアクションが必要だと言われている。それは、母語話者とのインターアクションの中で起こる意味交渉によって、母語話者のインプットが理解可能なものになり、習得につながるからである。
3. アウトプット仮説では、理解可能なインプットだけでは十分ではなく習得にはアウトプットも必要だと言われている。それは、アウトプットをすることにより、(1) 自分が言いたいことと言えることのギャップに気づくことができ、(2) 言語形式に注意を向けることができる、(3) 相手の反応（フィードバック）によって仮説検証ができるからである。また、アウトプットをすることには、「自動化」の効果もある。
4. インプットが「インテイク」になるためには「気づき」が必要だと言われている。

[練習問題]
1. 「インプット仮説」「アウトプット仮説」「インターアクション仮説」のそれぞれがどんな主張をしているか、話し合ってみましょう。
2. 自分の外国語学習を振り返って、自然なインプットの中で何か「気づき」が起きたことがあるか、それはどんな「気づき」だったかを、考えてみましょう。

第 6 章
文法を教えることに効果はあるのか

　クラシェンの理論に関して、特に議論が分かれているのは、「理解可能なインプットのみで言語が習得される」という主張についてですが、もう一つは、「意識的に学習した知識は習得された知識に変わることはなく、自然なコミュニケーションでは役に立たない」という考え方です。意識的な学習で得た知識というのは、中学生のときから学校で英語を習ってきた日本人英語学習者なら、誰でも持っているでしょう。本当に、そのような知識は使える知識にはならないのでしょうか。また、教室で外国語を学習することにどんな効果があるのでしょうか。特に、文法を学習することに効果はあるのでしょうか。この章では、このような教室での学習に焦点を当てます。

１．意識的に得られた知識と無意識的な知識とは

　上に書いたように、クラシェンの考え方は、意識的に学習された知識は習得には結びつかないというものでした。つまり、英語を学ぶときに、最初に教室で「主語が三人称・単数で、現在のときには動詞に-sをつけます」と教わって、それを基に一生懸命-sをつける練習をしても、自然なコミュニケーションの中で三単現の-sが自然につけられるようにはならないということです。日本語の学習で言えば、たとえば、「は」と「が」の使い分けのルールを教室で教わって、その知識を基に使い分ける練習をしても、自然なコミュニケーションの中で使えるようにはならないということです。

　確かに、英語母語話者は赤ちゃんのときに「主語が三人称、単数で、

現在のときには-sをつけるのよ」などとお母さんに習うわけではありませんし、そんなことを考えて-sをつけていることはないでしょう。私たち日本語母語話者も、「は」と「が」の使い分けの規則を考えながら使い分けているわけではありませんし、「読んで」のような動詞のテ形を使う場合でも、「読む」は「-む」だから「-んで」になるというようなテ形のルールを使って形を作っているわけではありません。文法知識に限らず、母語話者が母語に関して持っている知識のような無意識的な知識は、**「暗示的知識」**と呼ばれます。それに対して、意識的に学習され、分析や説明ができる知識は**「明示的知識」**と呼ばれています。第二言語習得研究では、この明示的知識が役に立つのか、役に立つとすれば、どう役に立つのかが、一つの大きな論争点になっています。

2．意識的な学習はコミュニケーションに役立つ知識になるか

前のページで述べたようなクラシェンの考え方は、**「ノン・インターフェイスの立場」**（「学習」と「習得」の間にはインターフェイス（接点）がないとする立場）と呼ばれ、多くの議論が起こっています。「学習」された知識でも練習したり何度も使ったりすることによって「習得」されるという立場や、「学習」された知識はインプットからの自然な習得が起こるための助けになるという立場など、いろいろな考えがありますが、クラシェンのように極端な考えをする研究者は少なく、「学習」された知識も何らかの形で役に立つと考える研究者が多いようです。

また、クラシェンとは全く対極的に極端な立場をとる「自動化モデル」という理論もあります[1]。自動化という概念自体は第5章の5節で説明しましたが、この自動化モデルでは、第二言語学習は、「主語が三人称、単数で、現在のときには-sをつける」といった、言葉で説明で

---

[1] Anderson (1983)

きるような知識で始まり、それが練習により自動化されて、徐々に、使うための知識に変わっていくという考えです（**インターフェイス**の立場）。ただ、自動化モデルの考えは、第二言語学習の知識はすべて意識的に学習された知識で始まるというものなので、これもまた極端であるため、多くの研究者は、二つの中間の立場をとっているようです。

3．教室での学習の役割

　クラシェンが意識的な「学習」の効果を否定する理論を出して以降、1980年代には、教室学習が言語習得に効果があるかどうかを見るために、教室で学ぶ学習者と、教室学習無しで第二言語を習得している学習者を比較する研究が行なわれました[2]。教室に通ったり教科書などを使ったりして第二言語を学んでいくことを「**教室習得**」、生活や社会での自然なコミュニケーションを通して第二言語を学んでいくことを「**自然習得**」と呼んでいます。ただ、実際には、日本で日本語学校に通う学習者は、教室で学びながらも生活の中でも習得をしていますし、教室に通わず自然習得環境にいる学習者でも、少しずつ本で勉強する学習者もいます。また、実際、外国語の教室の中で起こる自然なコミュニケーションからは、教師が教えたこと以外の自然習得も起こります。ですから、純粋な「自然習得環境の学習者」や「教室習得環境の学習者」がいると言うよりも、多くの学習者は両方の習得環境の「混合環境」にいると考えたほうがよく、どちらの環境での習得が中心か、あるいはどちらの割合が多いかということになるのでしょう。

　このような習得環境の異なる学習者を比較する研究の結果、今のところ、多くの研究者が一致しているのは、「教室での指導は、習得の順序や発達の道筋を変えることはないが、習得の速度を速め、最終的に高い習熟度へ導く」ということです[3]。そして、教室での指導は、教室外でも自然なインプットが豊富にある場合に、特に効果が高いと言われてい

---

[2] Long (1983)
[3] Long (1988)

ます[4]。

　最近では、教室での学習は、インプットの理解だけでは気づきにくい形式や規則への気づきを促進したり、学習者の注意を言語形式に向けさせたりする効果があると考えられています。前述の「学習された知識はインプットからの自然な習得の助けになる」という考え方です。

　第2章で、筆者が英語で「空振り」を表す Swing and a miss. が「三振」の意味だと思っていたという話を書きましたが、そこでも述べたように、「三振」の意味ではないと知ったあとは、Swing and a miss. が三振以外のところでも確かに使われていることに気がつくようになりました。つまり、聞こえてくるようになったのです。このように、明示的知識を得ることには、今まで気がつかなかったインプットに気づかせてくれるという効果があります。

　このような観点から、最近では、教室での学習でどのように学習者の気づきを促すか、どのように言語形式に注意を向けさせるかというところに、研究の焦点が移っています。実際に教室の中でどのように気づきを促したり言語形式への注意を向けさせるかという点については、次の第7章で詳しく述べます。

4．理解可能なインプットだけでは習得が難しいもの

　前節で、教室での学習は気づきにくいものへの気づきを促進し、習得を助けると述べました。理解可能なインプットに接していればすべての項目が習得されるのなら、話は簡単なのですが、インプットがあってもインターアクションがあっても、習得されにくい言語項目もあります。ここでは、そのような項目と、習得されにくさを引き起こす要因を見てみましょう。

4　Spada (1986), R. Ellis (1994) など

■目立ちやすさ（際立ち：saliency）

　英語でもその他の外国語でも、外国語を聞いていると、そこだけ際立ってよく聞こえる語もあるし、何度聞いても聞き取れない語もあるでしょう。際立って聞こえるか、聞こえにくいかには、その言語形式に含まれる音素の数や、母音が含まれているかどうか、ストレスが置かれて発音されるかどうかなど、様々な要素が影響しています[5]。音素数が多く、母音も多く含まれ、強勢（ストレス）が置かれて発音されるものは、インプットの中でも際立ちます。また、文頭や文末で使われる語は、文中の語よりも目立ちやすいとされています[6]。日本語の勉強を始めたばかりの学習者は、たいてい、とても早い段階で、終助詞の「ね」や「よ」について、「『ね』は、どんな意味ですか」のように質問してきます。文末で頻繁に使われる語にはすぐに気づくようです。

　インプットの中で目立ちやすいかどうかは、当然、気づきやすさに影響を与えます。英語であれば、drinkingの-ingは音素の数も多く母音も入っていてよく聞こえてきますが、drinksの-sは、音も短く母音もなく、多くの非英語母語話者には聞こえてきにくいと思います。目立ちにくいことは、気づきにくさにつながり、習得を遅らせる要因の一つになります。

　日本語学習者にとって気づきにくい形式の例を見てみましょう。これは、同僚の先生から聞いた話ですが、中級初めのクラスの授業で「〜だけ」と「〜しか」の違いの話になったときに、学生から「会話では『だけ』をよく使いますね。『しか』は聞きません」と言われたそうです。なぜ、この学習者は「しか」を会話で使わないと思ったのでしょうか。

　この話を聞いて、まず考えられるのは、本当に会話では「しか」より「だけ」のほうが多いのではないかということです。そこで母語話者の会話での「だけ」と「しか」の使用頻度を簡単に見てみたところ、確かに「だけ」は「しか」に比べると使用頻度がかなり高いことがわかりま

---

[5]　Goldschneider & Dekeyser (2001)
[6]　Slobin (1971)

した（「だけ」は87%、「しか」は13%）[7]。ですから、この学習者が「しか」は会話で使わないと思ったことには、使用頻度の偏りが影響したのかもしれません。また、それに加えて、この学習者が「しか」は会話で聞かないと言っているのは、「だけ」は聞こえてくるが「しか」は聞こえにくいからという理由もあるのではないかと、筆者は考えています。実際、中級の聴解のクラスでディクテーションをさせると、クラスの半分ぐらいの学習者は「しか」が書き取れていませんでした。

　では、なぜ「しか」は聞こえにくいのでしょうか。まず、「だけ」は「だ」も「け」も母音を含みますし、「だ」が濁音なので音としても際立ちがありますが、「しか」はどちらの子音も無声子音であるうえ、「し」の母音が無声化してしまいます。中級のクラスでディクテーションの様子を見ていると、この「し」が聞き取れない学習者が多いようで、「し」を落してしまったり、「つか」などと書いている学習者もいました。このように音自体が聞き取りにくいことに加えて、「だけ」は「来たのは3人だけ。」や「3人だけ？」のように、際立ちやすい文末で使えますが、「しか」は「来たのは3人しか。」とは言えず、「3人しか？」のようにも使いにくく、基本的には「3人しか来ませんでした」のように文中で使われます。このようなことを考えると、インプットの中で「だけ」は「しか」に比べて圧倒的に目立ちやすく、「しか」は目立ちにくいと考えられます。学習者は、教室で「しか」を学んでも、そのあとのインプットの中で「しか」が使われていることに気づきにくく、読みのインプットは別として、耳からのインプットでは「しか」にあまり触れていない可能性があります。

　「だけ」と「しか」については、英語の only に当たるものが二つあることになるため、多くの学習者には使い分けが難しい項目とされていますが、「しか」がインプットの中で目立たず気づかれにくい形式であることも、その難しさに影響しているのでしょう。

---

[7] 「インタビュー形式による日本語会話データベース」（上村1997参照）から無作為に20名分を抽出しました。

■余剰性・冗長性（redundancy）

　言語項目の中には、意味の伝達のためにどうしても必要な要素と、それがなくても意味の伝達はできる「余剰な」要素があります。たとえば、英語で three apples と言う場合、three と言えば一つではないのですから、複数の-s は無くてもわかります。三単現の-s はさらに、つけなくてもほとんどの場合十分に意味が伝わります。このように意味の伝達の上で余剰性の高い言語形式は気づかれにくく、習得が遅れると言われています[8]。

■使用頻度

　個々の形式の使用頻度は、習得に大きな影響を与えると考えられています。ほかのすべての条件が等しければ、頻度が高いものほど習得されやすく、頻度が低いものほど習得されにくいと言われています。

　使用頻度の影響の大きさを示す一つの例を見てみましょう。英語では、「何について話しているのですか」と聞きたい場合には、What are you talking about? と About what are you talking? という二つの言い方が可能ですが、読者のみなさんはどちらが易しいと感じられるでしょうか。筆者は、断然 What are you talking about? のほうだと思いますし、日本人の学生に聞いてみても異口同音に同じ答えが返ってきました。ところが実は、What are you talking about? のような言い方のほうが世界の言語の中では珍しく、理論的には習得が難しいと予測される構造なのです[9]。英語のように両方の言い方ができる言語はあまり多くなく、たとえばフランス語やスペイン語では、What are you talking about? のような言い方はできず、About what are you talking? のように言わなければなりません。そのほかの言語でも、フランス語のように About what are you talking? のほうしか言えない言語が多く存在します。つまり、About what are you talking? のように言うほうが、What

---

[8]　Harley (1998), Doughty & Williams (1998)
[9]　Eckman (1984)など

are you talking about? のような言い方より、世界の言語の中では「普通」なのです。第二言語習得では、世界の言語の中で「普通」な構造のほうが、そうでないものより習得が早いと考えられてきたため、英語の疑問文に関しても、About what are you talking? の形のほうが習得されやすいことが予測されるのです。

ところが、実際に英語学習者の習得を調べてみると、What are you talking about? のほうが習得されやすいという結果が出たのです[10]。なぜ、このようなことが起こるのでしょうか。これは、英語では What are you talking about? という言い方のほうが About what are you talking? という言い方よりも、使われる頻度が高いからだと言われています。つまり、習得が難しいと考えられる形式であっても、使われる頻度が高ければ、必ずしも習得が遅れるわけではないということです[11]。それぐらい、使用頻度の影響は大きいのだと考えられます。

また、第2章の「中間言語がどう作られるか」という話のときに書いたように、一緒に使われる頻度が高いものは、かたまりとして習得されたり、使用頻度の偏りから学習者が独自の体系を作ったり、学習者はインプットの中の使用頻度に非常に敏感だと言われています。使用頻度は、習得が早い・遅いということだけでなく、様々な形で習得過程に影響を与えると考えられています[12]。

ただし、上に書いたように、使用頻度が高ければ習得されやすいというのは、「ほかのすべてのものが等しければ」という注釈つきです。実際には、使われる頻度は非常に高いのに習得が遅いものもあります。頻度が高くても、目立ちにくかったり、余剰性が高かったりすると、習得が遅れるということです。

---

[10] Bardovi-Harlig (1987)
[11] R. Ellis (1994)
[12] N. Ellis (2002) など

■そのほかの要因

　これらのほかに、習得に関わってくる要因は、その形式の形や意味の規則性（例外が多いか少ないか）、意味の複雑さや持つ意味の多さ、同音異義の語の多さなど、いろいろなものが指摘されています。

5．目立ちやすさや余剰性は母語によっても異なる

　目立ちやすさや余剰性の影響は、どの母語話者にとっても同じではなく、母語によっても変わってくると考えられます。筆者が日本語教師になったばかりのころ、あるイギリス人ビジネスマンから、日本語に単数形と複数形の区別がないことに大変驚かれて、「それじゃあ、一つかそれ以上かわからないじゃないか」と言われたことがあります。筆者からすれば、単数か複数かなどわざわざ言わなくても、普通は文脈でわかるし、必要なら「ひとつ」とか「たくさん」とか何かつければいいのですから、この驚かれ方に、逆に驚いてしまいました。複数の-sは情報としては余剰性が高いとは言われていますが、さらに、生まれてからずっと単数と複数を区別してきた人と、単数や複数の区別などしてこなかった人の間では、余剰性の感じ方が異なります。インプットの中で気づきにくいだけでなく、筆者の複数形の-sや三単現の-sがなかなか習得されないのも、頭のどこかで「なくてもいいじゃない」と思っていることも原因の一つなのかもしれません。

　これまでの研究でも、あるルールに気づきやすいかどうかは、そのルールに近いものが母語にあるかどうかが影響することが指摘されています。つまり、母語にないルールには気づきにくいということです[13]。このように考えると、日本語で状態を表す「電気がついている」と「電気がつけてある」のような使い分けは、多くの学習者にとっては母語に存在しないため、どんなときに「ている」ではなく「てある」を使うかを、インプットを理解することだけで習得していくのは、難しいだろう

13　Williams（2004）

と考えられます。

　ただし、それなら、母語で区別しないものにはすべて気づきにくいのかと言うと、そう単純な話ではないようです。たとえば、日本語では存在や所在を表す動詞には「いる」と「ある」があり、区別して使わなければなりません。基本的には生き物の場合は「いる」、生きていない物には「ある」という形で、生きているかどうか（有生性）が大きく関わってきます。英語などにはこのような区別はないのですが、実際に教えていると、いくつか例を聞かせればたいていの学習者はこの使い分けに気がつくようです。また、「そんな使い分けをするのか！」とひどく驚かれた経験もしたことはありません。これは、「ある」「いる」のような存在の言い方での区別はなくても、生きものか物か、あるいは、人間か人間以外かなどは、多くの言語で何らかの形で言語形式に影響を与えているからでしょう。たとえば、英語では関係代名詞の who と which の使い分けに関わっていますし、また代名詞の it は普通人間には使いません。全く同じ使い分けが母語になくても、似たような概念が母語で区別されていれば、困難さにはつながらないということなのでしょう。

６．教えたことがそのまま習得されるわけではない

　ここまで述べてきたように、言語形式の中には、インプットの中で気づくということが起こりにくく、インプットだけでは習得されにくい形式はいろいろあります。ですから、意識的に学習された知識を持つことは、インプットの中で気づきにくい形式に気づくことを助け、インプットを理解してそこから知識を得るための助けになるという形で言語習得を促進すると考えられています。ただし、忘れてはいけないことは、教室で教えることが習得を促進することにつながるだろうと言っても、教えれば教えたことがすぐ習得されるわけではないということです。教室での教育は、その後の習得につながる道を用意するものであり[14]、ある

---

[14] R. Ellis（1994）

6. 教えたことがそのまま習得されるわけではない

言語形式を教室で教えることは、その項目をその場ですぐに習得させるためではありません。また、それはほとんど不可能なことです。

ここで、そのことを示す研究を紹介します。フランス語母語話者に対して、英語の文法項目の指導の効果を調べた研究ですが、一つのグループには疑問文を、もう一つのグループには副詞の位置を教え、その効果を調べました[15]。その結果、どちらの項目も、教えた直後のテストと5週間後のテストでは指導の効果が見られたのですが、副詞の位置に関する指導効果は、1年後にテストをしたところ全く消えてしまっていたのです。一方、疑問文に関しては、6ヶ月後にテストをしたところ、指導効果は続いていました。疑問文の指導効果が1年後にどうなったかはわからないので、正確な比較にはなりませんが、どうして副詞に関する指導効果は消えてしまったのでしょうか。

この結果の違いについては、教室内で話される英語を調べてみたところ、教室では副詞があまり使われていないことがわかりました。ですから、学習者は一度学んだ副詞の使用について、その後インプットに触れたり使ったりする機会がほとんどなかったために、指導の効果が消えてしまったのではないかと言われています[16]。

私たちは教室での指導を考えるとき、それぞれの項目をいつ、どのように教えるかということはいろいろ考えると思いますが、繰り返し書いてきたように、言語習得は、昨日学んだものの上に今日学んだものが積み重なっていくというような、足し算的に進んでいくものではありません。すべては、時間をかけて習得されていくのです。今日新しく教えたものは、今日教えて終わりではなく、教えたことによりその習得プロセスがスタートしたと考えることが大切です。そして、教えた項目にその後どう触れさせていくかという、その後学習者が触れるインプットに注意を払うことが非常に重要なのです。

---

[15] White (1991), Spada & Lightbown (1993)

[16] Lightbown & Spada (2006)

7．教室でのインプットに注意を払おう

　ここで私たち教師が、学習者をどんなインプットに触れさせているかを考えてみましょう。私たち外国語教師が学習者に話すときは、程度の違いはありますが、一般的には、学習者がわかるように調整された話し方（**ティーチャー・トーク**）をしています。ティーチャー・トークは、ゆっくり話したり、明瞭に発音したり、使用する語彙や表現を学習者のレベルに合わせたりするなどの特徴を持っています[17]。特に初級のクラスでは、既習文型・既習語彙を使って話すということを心がけている教師は多いと思います。このように調整されたティーチャー・トークは、インプットを理解可能なものにすると言われています。

　ただ、気をつけなければいけないのは、教師は学習者が理解できるようにと、どうしてもインプットを簡略化してシンプルなものにしてしまいがちだということです。その場合、学習者にとって必要なインプットに触れる機会を奪ってしまうことになりかねません。たとえば、初級のクラスで動詞文を学習したばかりの学習者が「週末、旅行をしました」と言った場合、本来の自然な日本語なら、「そうですか。どこへ行ったんですか。」と返すところを、「そうですか。どこへ行きましたか。」というように、学習者が理解できる形で聞き返すことが多いと思います。このような、いわば「『んです』無ししゃべり」とでも言うべきやり取りは、多くの教室で見られると思いますが、筆者自身、「〜んです」を導入したあとでさえも、ついつい「『んです』無ししゃべり」をしてしまうことがあるので、気をつけるようにしています。

　このように使う語彙や表現を必要以上にコントロールしてしまうと、学習者が学習したことのインプットに触れる機会を減らしてしまうことになります。私たち教師は、教えたものはその後教室でもどんどん使うようにして、学習者がインプットに触れる機会を作っていく必要があり

---

[17]　R. Ellis（1994）など。なお、第二言語学習者に対するティーチャー・トークは、フォリナー・トーク（外国人に対する簡略化された話し方）の一種として考えられています。

ます。ただ、筆者自身、初級のクラスを教えていると、教えたものを使っていくということよりも、学習者にわかるように話すというほうについ注意が行きがちなので、注意しなければと思っています。

　実は、既習文型や既習語彙だけ、つまり学習者が知っているはずのものだけに絞って話すことに関しては、このような簡略化されたインプットは理解の助けにはなるけれど、言語習得には貢献しないという指摘もあります[18]。簡略化されたインプットでは、習得に必要な言語材料に触れる機会が減ってしまう可能性がありますし、自然な言語使用からはほど遠い言語表現になってしまうこともあります。確かに、インプットが理解可能になることは必要なことなのですが、「理解可能なインプット」は、「すべての語彙や表現が理解できるインプット」を意味しているわけではありません。

　また、教室外のインプットには未知の表現や語彙がたくさん含まれています。教室の中で、知らない語彙や表現がほとんどないインプットを理解することばかりしていては、いつまでも教室外でのインプットを理解する力がつかないという指摘もあります[19]。筆者自身は、初級のクラスでもなるべく自然に近い速度で、あまり簡略化しすぎないインプットをという点に注意をしていますが、教室でのどのようなインプットが習得を促進するのかはさらなる研究が待たれるところです。ただ、いずれにしても、教室の中で起こるやり取りすべてが言語習得のための貴重なインプットやインターアクションになるという観点から、学習者とのやり取りを考えていくことにより、教室の中での言語習得の機会が大きく増えることになるでしょう。

8．インプットからしか習得できないもの

　ここまで、インプットの中には気づきにくいものもあり、学習された知識がそのような言語項目の気づきを助けると述べてきましたが、学習

---

[18] Larsen-Freeman & Long (1991), Gass (2003) など
[19] Lightbown & Spada (2006)

された文法知識が助けになるのにも限界があり、インプットの中で無意識的に学んでいくしかないと考えられているものもあります。

　文法規則の中にも、単純な規則と複雑な規則がありますが、「文法指導は単純な規則には効果があるが、複雑な規則には効果がない」という主張があります[20]。たとえば、英語での「三単現の-s」は規則としては単純ですが、aかtheか何もつけないか、という冠詞の使い分けは複雑な規則と言われています。このような複雑な規則に関しては、明示的に規則を教わっても効果がないという主張です。ただ、このような主張を検証した研究では、はっきりとした結果は出ておらず、また、単純か複雑かを決める基準も研究によって異なっており[21]、規則が単純か複雑かで指導の効果に違いがあるかどうかは、様々な主張があります。

　しかし、明示的に文法を教えることに限界があることは確かでしょう。なぜなら、私たちが使っている言語に関する知識の中で、言語の研究者が説明できていることは一部であり、さらに、外国語教師が理解して教えられるものはそのうちの一部でしかなく、そして、学習者が教えられて身につけられるのはそのうちの一部だと言われているからです[22]。これは、日本語に関しても、様々な文法や表現に関して山のように研究書や論文があって、今でも、「は」と「が」や、「と」「ば」「たら」「なら」の使い分け、「～んです」をいつ使うのか、など新しい研究が出続けていることを考えても、納得できることでしょう。ですから、そもそも文法規則を教師がすべて説明したり、明示的に教えたりすることなどできないのです。そのような教えられない規則は、インプットの中で多くの用例に接して自然に学んでいくしかありません。だからこそ、自然なインプットに触れることが重要なのです。文法教育にはこのような限界があることを、私たち教師は知っておく必要があります。

　また、第二言語を使ってコミュニケーションができるようになるため

---

[20] Krashen (1982a)
[21] DeKeyser (1995), Robinson (1996), de Graaff (1997)
[22] Krashen (1982b)

に重要な要素として、文法的な正しさとは別の要素があることが指摘されています。native-like selectionと言われていますが、つまり、文法的には正しくて意味もそれなりにわかるものでも、普通に使われるものと使われないものがあるということです。たとえば、英語では誰かに結婚してほしいと伝えるときI want to marry you.（あなたと結婚したい）という言い方は自然ですが、ほかにも文法的に正しい言い方でしたら、いろいろあります。たとえば、I want marriage with you.（私はあなたとの結婚がほしい）、It is my wish that I become married to you.（あなたと結婚することが私の望みだ）と言っても文法的には正しいですし、言っている意味もわかります。でも、このような言い方は普通は使われません。英語のネイティブ・スピーカーにとってはとても奇妙な言い方になります[23]。

　文法的には正しいけれど使わないという、いわば「直感」のような知識は、母語話者は母語習得の過程で自然に身につけていきます。第二言語習得の場合も、このような知識はインプットからしか得られないのです。文法がわかって語彙をたくさん覚えても、それらを自由に組み合わせれば外国語が「話せる」ようになるわけではありません。普通に使われる組み合わせを学んでいくためには、自然なインプットに大量に触れていくことが必要なのです。

9．習得環境による教室の役割の違い

　この章の最後に、日本国内で日本語を学ぶ学習者に教える場合と、海外で日本語を学ぶ学習者に教える場合の教室学習の役割の違いを考えてみましょう。

　日本国内で生活に使う言葉として学ばれる日本語は、「**第二言語としての日本語（JSL：Japanese as a Second Language）**」、海外の学校での外国語科目として学ぶ場合などは「**外国語としての日本語（JFL：**

---

[23]　Pawley & Syder（1983）

Japanese as a Foreign Language)」と呼ばれ、それぞれの学習者は JSL 学習者、JFL 学習者と呼ばれます。JSL と JFL の学習者の日本語習得がどう異なるかに関しては、多くの研究が行なわれていますが、研究対象とする言語項目によって、違いがあるという結果になったり、あまり違いがないという結果になったりしており[24]、一般化に至っていないのが現状です。ただ、JFL と JSL の環境では様々な要因が違っていることは事実です。まず、教室外ですぐに日本語を使う機会や必要性がある JSL の場合と、すぐに使うということを前提としない JFL の教室とでは、何をどう教えるかが必然的に異なってくるでしょう。また、教室外でのインプットの量も質も異なります。JFL 学習者の場合、教室以外でのインプットは全くないという学習者も少なくないでしょう。アウトプットの機会や必要性が異なると、その結果として正確さへの志向も異なってくるでしょう。さらに、モチベーションの違いもかなり大きいと考えられます。

　このような大きな違いのある JSL と JFL の環境では、教室の役割も大きく異なります。JFL 学習者の場合、教室の外で自然なコミュニケーションを通した習得が起こる機会というのはあまり持てないのが普通ですが、JSL 学習者の場合、個々の学習者の状況にもよりますが、教室にいる時間よりも圧倒的に長い時間、教室の外で日本語に触れています。教室外でのインプットは、学習者自身に向けられるものもありますが、学習者自身に向けられたものでなくても、日本語での自然なやり取りも大量に聞こえてくるはずです。つまり、JSL 学習者の場合、日本語を習得する場は教室だけではないということです。入門レベルの学習者の場合、教室の外で多くの理解可能なインプットを得ることは、まだ難しいと言えますが、レベルが上がるにつれ、教室の外での理解可能なインプットは増えていきます。レベルが上がれば上がるほど、日本語の習得の場は、教室の外が中心になっていきます。ですから、JSL 学習

---

[24] 稲葉（1991），許（1997, 2002），田中（1997）など

者の場合、教室の外での習得がより効果的になるように、学習者が教室の外のインプットからより多くの気づきを得られるように、と考えていくことも必要になってきます。また、教室でしかできないこと、あるいは、教室でこそできること、という観点から考えることも必要でしょう。

　一方、JFL の場合は、教室の外でインプットに触れる機会が持てる学習者はそう多くはないでしょう。しかし、第二言語習得がインプットを理解することで起こり、明示的知識はその習得プロセスを助ける役割を担うというのは、JFL の環境でも同じです。ですから、前述の「学習者が触れるインプットに対する注意を払う」ということがいっそう重要になります。様々な形で自然なインプットに触れる機会を提供したり、自然なインプットになるような自習教材を作ったり、学習者が自分からインプットに触れる機会を作るよう動機づけたりということも必要ですし、また、教室の中でも、すでに学んだことに触れられるインプットを増やすことなどを心がけることが必要だと言えるでしょう。

［この章のまとめ］
１．教室での指導は、主要な文法項目の発達の順序や道筋を変えることはないが、習得の速度を速め、最終的に高い習熟度へ導くと考えられている。
２．明示的知識がどの程度、またどのように第二言語習得に役に立つかはまだわかっていない。しかし、インプットの理解だけでは気づきにくい形式や規則への気づきを促進したり、学習者の注意を言語形式に向けさせたりすることにより、学習された知識がインプットからの自然な習得の助けになると考えるのが、現在では妥当なところだろう。
３．教室で教えても、その後インプットに触れなければ学習効果は続かない。

4．インプットからしか習得できないものもあり、文法指導には限界がある。

[練習問題]
1．「明示的知識」と「暗示的知識」の例を考えてみましょう。
2．日本語の教科書で指導項目として挙げられている文法項目や語彙をいくつか取り上げて、それぞれの項目の「目立ちやすさ」「使用頻度」「学習者にとっての余剰性の高さ」を考えてみましょう。

第7章　教室で何ができるのか

　これまで何度も述べてきたように、教室での文法学習、特に意識的な学習がどの程度外国語習得に役に立つのかは、明らかにはなっていません。しかし、今のところある程度多くの研究者が一致している見解は、意識的に学習された知識は気づきを促進したり、学習者の注意を言語形式に向けさせたりする効果があり、インプットから知識を得るための助けになるということです。では、実際に私たち教師は、どうしたら学習者の気づきを促進したり、注意を向けさせたりできるのでしょうか。習得の促進という観点から、教室での指導を考えてみます。

1．インプット重視の指導
1.1　学習者はインプットのすべてを聞いているわけではない

　第5章のアウトプットの効果のところで、第二言語の理解の過程ではインプットの中にある言語情報がすべて処理されているわけではないということを書きました。たとえば、Yesterday I studied Japanese. という英語を聞いた場合、Yesterday という語で過去のことだと判断し、studied の-ed は文法処理をしないで聞いてしまう、といったもので、このように第二言語の理解の過程では、意味内容を表す語を中心に意味処理がされると言われています。日本語学習者であれば、「昨日、パンを食べた」という文を聞いた場合、タ形により過去のことだと解釈するのではなく「昨日」という語により過去のことだと解釈をし、頭の中で「た」は処理されないということです。

　これに関しては、筆者も興味深い経験をしたことがあります。英語のスピーキングの練習で、Did you sometimes have your parents do your homework?、Do you sometimes have your friend cook for you? のような質問を聞いて、自分のことについてどんどんYesかNoで答えていくという練習をさせられたときのことです。質問の内容を聞き取るのに集中してしまって、どの質問に関しても、「あれ？今のはDid you？って言ってたっけ、Do youだっけ？」となってしまい、今のことを答えるのか過去のことを答えるのかわからなくなってしまったということがありました。第二言語学習者は内容語（名詞・動詞など）を聞いて意味の処理をしていて、機能語（助詞や時制などの文法的な役割を果たす語）は処理しないと言われています[1]が、筆者の場合もまさにそうでした。

　第5章4節では、このようなことから、インプット理解だけでは処理されにくい言語形式にも注意を向けさせるためにはアウトプットが必要だということを述べました。また、一方でインプットの過程でも、普通に聞かせるだけでは頭の中で処理されない要素も処理されるような工夫をすることが必要だという主張がされています。ここでは、そのような主張を見てみましょう。

1.2　形式と意味を結びつけるインプット処理指導

　第二言語習得の過程では、言語形式とそれが担う意味や機能を結びつけるプロセスが必要不可欠と言われていますが、その「形式と機能の結びつけ」はインプットの理解を通して行なわれるとされています。

　しかし、現在の日本語教育における初級文法指導の主流は、文型を導入し、いくつかの例を聞かせたあと、すぐに動詞・文レベルでのアウトプット練習に移り会話練習やタスクに広げるというように、アウトプット活動が中心でインプットにはそれほど重点は置かれていないようです。たとえば「先生にほめられた」のような受け身文を例にとると、一般的には、受け身文の形と意味の導入を行なったあと、受け身形を作る

---

[1]　VanPatten（1996, 2002）ほか

練習に移るという方法がとられると思います。しかし、この指導の順序では、導入部分で示された形と意味が十分に結びつけられないままに形の練習に移るため、学習者はその結びつけを内在化させる前にアウトプットを強いられることになります。学習者の意識は形のみに集中し、意味が切り離されたアウトプット練習になりやすいでしょう。受け身形のように新しい活用形の場合などでは特に、せっかく導入された受け身の意味を考えずに、今聞いたばかりの受け身形を作る練習を一生懸命することになります。

　このように、形式と意味が結びつけられないままに形だけのアウトプット練習をするのではなく、まずインプットにより形と意味の結びつけを行なわせるという考えから、新しい項目の導入のあとにまずインプットを理解するタスクを行なう「**処理指導（プロセシング・インストラクション）**」という指導法が提案されています[2]。ただし、前述のように学習者は文法処理をしないでインプットを処理してしまうことが起こるため、形式と意味の結びつけを促進するためには、ただ聞かせればいいということではなく、教えようとしている形式そのものを処理しなければならないタスクが必要となります。受け身文の指導であれば、受け身形のインプットを豊富に受けながら受け身文か能動文か判断するようなタスクなら、受け身の形を何度も聞きながら受け身の意味を処理することになります。

　受け身形に関して筆者自身がよく行なっているのは、誰かが誰かをしかっている絵や、ほめている絵、誘っている絵など、いろいろな絵が1枚に描いてあるシートを見ながら、「しかられたんです」「しかりました」「さそいました」「さそわれました」のように短い発話を口頭で聞かせ、その絵の中の誰が言っているかを選んでもらうという簡単なタスクです。また、可能形を学習する授業であれば、「電車で北海道へ行ける」のような文を聞かせて○か×か考えてもらうクイズなどを最初にするの

2　VanPatten（1996, 2002）ほか

もいいでしょう。筆者は、学習者が答えを考えている間に、「さあ、行ける？行けない？どっちでしょう」などと何度も繰り返して聞かせたりしています。また、「富士山を見たことがあります」のような「〜たことがある」であれば、導入後まず、「馬に乗ったことがありますか。」などいろいろな質問をして、学習者自身のことを「はい」か「いいえ」で答えてもらっています。学習者自身のことを答えてもらうタスクは、それが可能な文型であれば、非常に使いやすいタスクです。自分に関連の深いことは記憶されやすいとも言われているので[3]、ぜひ使いたいところです。

　大切なのは、あくまでもアウトプット練習の前にその形式の意味を処理してもらうタスクなので、複雑にしないということです。また、アウトプットを目的とした活動でもないので、○×クイズをした際などに、どうしてそう思うかといった質問をしたりしないことも大切でしょう。絵に○をつけたり、インプットを聞いて絵を描いたりというように、学習者側が全く発話をしない活動でもかまわないのです。

　このようなタスクをアウトプットより前の段階で行なって、インプットの理解を繰り返してもらうことにより、その後に意味と形式の結びついたアウトプット活動をすることが可能になります。実際に授業の中でやってみると、学習者はインプットを処理すると同時に形式も十分に聞くことになるので、インプット処理タスクが終わるころには活用がよほど難しいものなどでなければ、口から自然に出てくるようになっていることが多いと感じています。ですからインプット処理タスクをアウトプットより前にすることは、「できれば避けたいけれど多少必要でもある単純な形の練習」を、減らすことにもつながります。

　○×クイズなどは教師が口頭で行なえばいいのですが、アウトプットの前に利用できる理解タスクが掲載されている教材[4]もいろいろとあるので利用するといいでしょう。

---

[3] ジンマー（2006）
[4] たとえば、「わくわく文法リスニング99―耳で学ぶ日本語」（凡人社）

2. 言語形式に焦点を当てる
2.1 形式に焦点を当てた指導

　さて、先ほどから何度も「学習者の注意を言語形式に向けさせる」ということが出てきました。また、「気づき」という用語も何度も登場しています。このように、最近の第二言語習得の考え方では、ただインプットを理解したり、コミュニケーションをするだけでなく、言語形式に注意が向くことが言語習得には必要だとされています。

　文法訳読法やオーディオ・リンガル・メソッドでは、学習者の注意は常に言語の形式や文法に向けられていました。しかしその後、オーディオ・リンガル・メソッドでは何度も何度もドリルをしても、コミュニケーションができるようにはならないという批判を浴び、コミュニケーション中心の教授法、「コミュニカティブ・アプローチ」の時代になります。ところが、今度は、コミュニカティブ・アプローチによって内容を伝達することを中心とした教え方だと、確かにコミュニケーションはできるようになるのですが、正確さがなかなか育たないことがわかってきました。インプットかアウトプットかという話の中で出てきたカナダのイマージョン・プログラムは、その典型的な一例です。そのため、最近では、学習者の注意を言語形式に向けさせることが必要だと言われるようになりました。

　これは、大きな流れとしては、コミュニケーション中心で文法教育が多少排除された感があった時代から、再び言語形式に注目させるように戻ってきたという流れになります。ただ、だからと言って、オーディオ・リンガル・メソッドのように、文脈から切り離して形に注目させたドリルに戻る、ということではありません。実は、この流れは、コミュニカティブ・アプローチ全盛時代にあまりに振り子が振れ過ぎた動きを、少し戻すような流れなので、「コミュニカティブ・アプローチ全盛時代」というほどにはならなかった日本語教育では、誤解を招きやすいかもしれません。「やっぱりコミュニケーション中心ではなく文法が大事」ということではなく、意味やコミュニケーションに焦点を置くだけ

ではなく、言語形式にも注意を向けさせようということです。

　言語形式に注意を向けさせる教え方は、「形式に焦点化したインストラクション（form-focused instruction）」と呼ばれていますが、その中には、文法説明を行なうなど明示的に文法規則を示す方法から、豊富な用例を与えて学習者が自然に言語形式に注目したり規則を抽出できるように仕向ける帰納的な方法、教えたい項目のインプットを豊富に与えるような形で暗示的に焦点化する方法まで、様々なものが含まれます。では、ある程度文法説明もして明示的に教えるのと、暗示的に教えるのと、どちらが効果があるのでしょうか。近年は、このようなことを実験で調べる研究が盛んに行なわれていますが、これまでの研究は、それぞれの研究が扱っている項目も全く異なり、指導方法もその効果を調べるテストの方法も異なっていて、あまりにもばらばらな結果が出ているため、それらの結果をどう考えたらいいかがわかりませんでした。しかし、最近になって、これらの研究結果を再分析してまとめ直す「メタ分析」という方法による大規模な研究が行なわれるようになり[5]、文法説明を行なうなどの明示的な指導のほうが暗示的な指導よりも効果があるという結論が出されています。

　ただし、ここからそのまま単純に「じゃあ、文法説明はしたほうがいいんだ」と考えてしまうのも、問題です。多くの研究では、文法テストのような文法能力を測るテストで指導の効果を測っています。つまり、「コミュニケーションの中で使えるかどうか」ではなく、「明示的な文法知識を得ることに効果があるかどうか」を見ているというのが現状です。暗示的に教えた効果を文法テストで測っても、その効果はきちんと測定できないという批判があります。ですから、「明示的な指導のほうが暗示的な指導よりも、明示的な文法能力を発達させるには効果がある」ということは言えそうですが、コミュニケーションの中で使える力を得ることにも効果があるかどうかは、疑問の余地があるのです。

5　たとえば Norris & Ortega（2000）

いずれにしても、これまで書いてきたように、言語形式に焦点を当てた指導でつく知識は明示的知識であり、その知識がインプットからの習得を助けるということなのでしょう[6]。明示的知識をつけることがそのまま、使えることにつながるということではないことは重要です。明示的知識をつけさせることが指導の中心になっては、習得は起こらないのです。

また、おそらく、「どちらかの方法がどんな場合でも効果的」と言えるわけではなく、どんな項目を扱うか、どんな学習者に教えるかによって、どちらが効果的かが違ってくることもあるようです。たとえば、前にも書きましたが、母語に全く存在しないようなルールは学習者はなかなか気づくことができないと言われているので、ある程度明示的に示す必要があるかもしれません。また、第9章で、学習者の「言語（学習）適性」が第二言語学習の成果に与える影響について述べますが、文法ルールを明示的に示す方法で教えたほうが学習者の言語適性の影響が少なくなるという研究結果が報告されています[7]。日本語学習者を対象とした研究では、クラスの上位グループの学習者では暗示的に教えても明示的に教えても効果はほとんど変わらないが、下位グループの学習者は明示的に教えたほうが効果が出たという研究もあります[8]。次章で個人差については詳しく述べますが、言語を分析して規則を発見する力が弱い学習者の場合、ある程度明示的に示してあげたほうが学習が進む可能性もあります。このように多くの要因が複雑にからみあっているので、どんな場合でもある方法が効果的だとはなかなか言いにくいわけです。

なお、その場の状況や聞き手が誰かなど様々なことを考えて適切な表現を使うための語用論的知識に関しては、誤用があってもフィードバックが得られにくいと第5章（4.3）で述べました。フィードバックが得られにくいだけではなく、語用論的知識はインプットに触れているだ

---

[6] N. Ellis（2002）など参照
[7] Erlam（2005）
[8] 向山（2006）

けでは習得が難しく[9]、教室での明示的指導の効果があるという研究結果も出ています[10]。

2.2　フォーカス・オン・フォーム

　形式に焦点を当てた指導のうち特に、「意味やコミュニケーションに焦点を置いた授業の中で、学習者の注意を必要に応じて言語形式に向けさせる」指導方法は、「**フォーカス・オン・フォーム（Focus on Form）**」と呼ばれ[11]、注目されています。日本語に訳すと「言語形式への焦点化」ということですが、フォーカス・オン・フォームの考えでは、初めから言語形式に焦点が当たった授業ではなく、あくまでも意味やコミュニケーションが中心の授業の中で、様々な形で言語形式に注意を向けさせることが必要だとされています。

　フォーカス・オン・フォームが言語習得を促進すると考えられている重要な点の一つは、言語の形式・意味・機能を同時に処理できるように仕向ける方法であることです。言語を習得し使えるようになるためには、言語形式・意味・機能の三つをきちんと結びつけて習得することが必要です。「意味」というのは、その形式がどんな意味内容を表すのかということですが、「機能」はその形式をいつ、どんなときに、何を伝えるために使うかということです。たとえば、「言われる」「見られる」のような-areru という形が「受け身」を表すというのはその形式の「意味」ですが、意味がわかるだけでは、実際のコミュニケーションの中では使えません。受け身がコミュニケーションで使えるようになるためには、どんなときに、何を伝えたいときに使うかという「機能」も習得されることが必要です。フォーカス・オン・フォームでは、明確な文脈があり意味を持った言語活動の中で言語形式への焦点化を起こすこと

---

[9]　Bardovi-Harlig & Hartford (1993), Kasper & Schmidt (1996) など
[10]　Takahashi (2001) ほか。誤用論的知識の習得については清水（2008, 2009）に詳しく書かれています。
[11]　Long (1991)

によって、学習者が形式と意味と機能の三つを結びつけることができると言われています。

　フォーカス・オン・フォームの具体的な方法としては、たとえば、ある言語形式を含むインプットを大量に与える「インプット洪水（input flood）」という方法があります。「食べています」のような進行の「ている」を教えたい場合、「ている」がたくさん出てくるインプットを聞かせるといった方法です。また、その言語形式を視覚的に目立たせたりする方法「インプット強化（input enhancement）」は、あくまで内容に焦点を当てた読み教材の中で、「ている」の部分を下線やマーカーなどで目立つようにしておくような方法です。ある言語形式が豊富に使われるようなコミュニカティブ・タスクを使う方法もありますが、この場合も、「文型を導入し、説明し、ドリルをしてからタスク」というタスクの使い方ではなく、あくまでタスクが中心で授業を進め、必要に応じて多少の説明などを入れることもあるというイメージで捉えるといいでしょう。また、フィードバックによる焦点化など、様々な形が考えられています。

　特に、リキャストという形のフィードバックのやり方は、フォーカス・オン・フォームの中では重要な方法です。フィードバックについては、このあと詳しく述べますが、**リキャスト**というのは、自然なコミュニケーションの流れの中で、コミュニケーションを止めずに暗示的に正しい形を示す方法で、次のようなものです。

　　　　学生：昨日のテストは、難しいでした。
　　　　教師：あ、そうですか。難しかったですか。

　このような、「あ、そうですか。難しかったですか。」というような応答の仕方は、母語話者同士のコミュニケーションでも普通に行なわれるものです。ですから、このフィードバックの仕方は、非常に自然なやり取りの形をとりながら、コミュニケーションの流れを止めずに学習者に

正しい形を示し返しています。フォーカス・オン・フォームを提唱する研究者の中でも、基本的には意味に焦点が置かれた授業の中で、学習者の誤りに応じて、偶発的に暗示的に言語形式への焦点化が行なわれるべきだと考える研究者もいますし[12]、ある程度明示的な形でもいいとする研究者もいますが[13]、リキャストは特に前者の研究者からその重要性が主張されています。リキャストの効果に関しては、ほかのタイプのフィードバックと併せて、次の節で詳しく考えてみます。

　フォーカス・オン・フォームに関しては、まだその効果は検証中といったところですし、言語習得のどの段階で、どんな言語形式について、どの程度明示的に、どのような方法で行なうと効果的かについても、まだ統一した見解は得られていません。また、特にアメリカで行なわれている英語教育（ESL＝English as a Second Language）での研究結果が多く報告されていますが、日本語を対象とした研究は、まだまだ少ないのが現状です。アメリカの大学での英語教育のように、ある程度自分の国で英語を勉強してきた留学生が対象となる教育で効果的だとされた研究結果が、そのまま、ゼロから日本語を学ぶ初級日本語学習者のような場合にも当てはまるかどうかはわかりません。ある程度文法を知っている学習者が対象か、文法知識が全くなく授業に臨んでいる初学者が対象かというのは、非常に大きな違いです。ですから、全く文法知識がなくゼロから新しい外国語を学ぶ初級学習者を対象とした研究が必要とされています。

　ただ、日本語教育の場合も、特に日本国内での教育現場では、アメリカの英語教育の場合と同様、母国で初級レベルぐらいの勉強はしてきたのにあまり話せないという学習者もたくさんいます。このような場合、ゼロから新しい言語を学ぶ学習者とは状況は全く違います。どの程度コミュニケーションに焦点を当て、どの程度言語形式に焦点を当てるのかということに関しても、どんな教育現場でも、どんな学習者にでもとい

---

[12] Long (1991), Long & Robinson (1998)
[13] Dekeyser (1998), Swain (1998) など

うように十把一絡げ的に考えるのではなく、どのような学習者に教えるかというところまでを考えてフォーカス・オン・フォームの考え方を応用していくことが重要でしょう。

いずれにしても、文脈から切り離したところで言語形式の練習を繰り返し行なっていた時代にはなかなか使えるようにならず、コミュニケーション重視の時代には正確さが育ちにくいということが起こったという流れから行き着いた、「意味のある文脈の中で言語形式に注意を向けさせたり気づきを促したりする教授方法」は、その両者をある程度解決できる方法として期待されます。

3．フィードバックはどう行なえば効果的なのか
3.1　「フィードバック」は「誤用訂正」？

フォーカス・オン・フォームの方法の一つとして、リキャストというフィードバックの仕方があると前節で述べました。コミュニケーションを中心とした意味のある文脈での言語活動の中で言語形式に焦点を当てるためには、フィードバックは有効な方法です。また、第5章4節のアウトプットの効果の話の中でも、アウトプットをすることによりフィードバックが得られること、フィードバックによりインプットを理解しているだけでは得られない否定証拠が得られることを述べました。このように、フィードバックがなぜ必要なのかという理論的な根拠も固まってきて、最近では関心を集めている研究課題となっていますが、学習者の誤りをどう訂正するかということ自体は、ずっと以前から外国語教育における大きな関心事項となっています。フィードバックは、古くて新しい問題だと言えます。

かつてのオーディオ・リンガル・メソッドの時代の「誤用訂正」は、誤りは排除すべきものという考え方が背景にあったため、学習者のすべての誤りは訂正されなければならないと考えられてきました。まさに「誤用訂正」という考え方であり、誤りを「直す」ことが目的でした。一方、最近のフィードバックの考え方は、誤りを排除するためとか誤り

を直すということではなく、学習者の中間言語発達のためにフィードバックはどう役に立つかという考えに基づいて、フィードバックの効果が考えられています。どうしたら、学習者に気づきを与えられるか、どうしたら学習者の注意を言語形式に向けられるかということです。

　そのような時代の移り変わりもあり、最近は「誤用訂正」ではなく「フィードバック」という用語が使われるようになってきています。フィードバックそのものは誤用に対してだけ行なわれるものではなく、「**肯定的フィードバック（positive feedback）**」と「**否定的フィードバック（negative feedback）**」があります。肯定的フィードバックは、学習者が発話したものが正しいとか適切であるということを示す場合のフィードバックです。たとえば、「そうですね」「いいですね」「OK」のように言語形式が正しいことを示したり、「そうですか」のように内容面への反応を示すことで、内容が伝わったことを示したりします。場合によっては、もっと褒める形をとることもあるでしょう。「否定的フィードバック」は逆に、学習者の発話が目標言語体系とは合わないことを示すフィードバックで、最近は「**訂正フィードバック（corrective feedback）**」という用語が使われることが多くなっています。「誤用訂正」と呼ばれてきたものは後者に含まれます。また、これまで何度か出てきた「否定証拠」は、この訂正フィードバックによって得られます。第二言語習得研究の分野で盛んに効果が検証されているのは、後者の訂正フィードバックです。以下、このタイプのフィードバックについてさらに詳しく見ていきましょう。

3.2　様々な形の訂正フィードバック

　一口に訂正フィードバックと言っても、様々な形のフィードバックがあります。実際に現場で教えている読者の方も、学習者の誤りにはいろいろな形で反応を返しているでしょう。訂正フィードバックは大きく分けると、「正用を教師側から提示する方法」と、「学習者側に修正させる方法」に分けられ、またどちらもさらに、「明示的な」方法と「暗示的

な」方法に分けられます。最初に、表にまとめたものを見てみましょう。

表1　訂正フィードバックの分類とその例

	正用提示	学習者に修正を促す
明示的	学習者：寒いでした。 教師　：「寒かったです」、 　　　　ですね。	学習者：寒いでした。 教師　：「寒いでした」、 　　　　でいいですか。
暗示的	学習者：寒いでした。 教師　：あ、そうですか。 　　　　寒かったですか。	学習者：寒いでした。 教師　：寒いでした？

　正用を教師側から提示する方法というのは、たとえば学習者が「寒かったです」という否定の形を使うところで「寒いでした」という発話をした場合に、教師側から「寒かったです」という正用を示す方法です。そのうち、「明示的な正用提示」は、「『寒かったです』、ですね」と訂正したり、「『寒いでした』じゃありませんね。『寒かったです』、ですね」と学習者の発話が間違っていることをはっきり知らせて訂正するものです。つまり、「寒いでした」ではなく「寒かったです」だということを学習者に明示的に示しているのです。

　同じ正用提示でも、フォーカス・オン・フォームの方法の一つとして挙げたリキャストは、「暗示的な正用提示」になります。学習者の「寒いでした」を受けて、「ああ、そうですか。寒かったですか。」のように、コミュニケーション上の自然な確認のような形で正用を示します。明示的な正用提示との大きな違いは、「『寒いでした』じゃありませんね。『寒かったです』ですね。」とフィードバックすると、自然なコミュニケーションの流れを一度止めてしまうのに対して、リキャストはその流れを止めないということです。

　リキャストは、母語話者同士の間でも使われているようです。次の例も、母語話者から母語話者へのリキャストです。名古屋名物の料理に、ご飯の上に鰻を載せた「ひつまぶし」という料理がありますが、先日名

古屋のレストランで、あるお客さんが「すみません、ひまつぶし、一つお願いします」と注文をして、店員さんに「はい、ひつまぶし、一つですね」とリキャストをされていました。この店員さんの確認は、普通に行なわれる注文の確認の仕方と全く同じですが、さりげなく相手の誤りを訂正していて、注文（つまり内容）の確認と誤りの訂正の両方の機能を果たしています。このようにリキャストは、自然なコミュニケーションの流れから全くはずれることなく正用を提示できるフィードバックなのです。

　一方、学習者に修正させるフィードバックは、教師からは正用を提示せずに、「寒いでした」ではないことに気づかせ、アウトプットの効果のところで書いた「強制アウトプット」を導きだそうとするフィードバックです。訂正させる場合にも、正用提示と同様に、明示的に行なう方法と暗示的に行なう方法があります。明示的に行なう場合、「『寒いでした』、じゃありませんね？」と、目標言語形式とは違うことをはっきり示して修正を求めたり、「『寒い』は、イ形容詞ですね」のようにヒントを与えたりして、言い直してもらいます。暗示的に行なう場合、「寒いでした？」とそのまま繰り返す形で聞き返したり、「もう一度言ってください」と指示したり、ただ「え？」のように聞き返したり、という形になります。

　訂正フィードバックに関しては、学習者の誤りにフィードバックをすること自体に効果があるかどうかについても議論が分かれており、全く効果がないとする研究者もいます[14]。しかし、最近では、フィードバックの効果を検証した研究を集めて再分析した結果、フィードバックにより否定証拠を与えることにはある程度効果があることがわかり[15]、現在の研究の中心はどのようなフィードバックがいいのかということに移っています。

14　Truscott（1999）
15　Russell & Spada（2006）

3.3 どのようなフィードバックが効果的か

では、どのようなフィードバックが効果的なのでしょうか。最近の研究では、フィードバックの種類による効果を検証する研究が盛んに行なわれています。大きく分けて、先ほどの表1に示したような、明示的なほうがいいのか暗示的なほうがいいのかということと、リキャストのような正用を提示するフィードバックのほうがいいのか、学習者に修正を促したほうがいいのかという二つの観点があります。

ただ、種類の異なるフィードバックがそれぞれ「習得に効果があるか」を直接調べるには、特定の項目に特定のタイプのフィードバックを集中的に行なって、その効果をテストで測り、さらに違うタイプのフィードバックを受けたグループと比べることが必要になります。しかし、実際に教室で学習者にそのようなフィードバックをすることは、物理的に難しいという問題があります。そのため、これまで多くの研究では、フィードバックのあとに学習者がどんな反応をしたかという観点からフィードバックの効果が分析されてきました。特に、その中心になるのは、フィードバックを受けて自分の誤りを修正して言い直すこと（アップテーク）がどの程度できたかという点です。つまり、フィードバックのあとに学習者の反応を何も引き出さないフィードバックよりも、学習者にそのフィードバックに気づかせ、自分の誤りを言い直そうとさせるフィードバックのほうが、効果があるフィードバックと言えるだろうということです。ただ、やはりそれでも本当の効果は測れないという考え方もあるので、ここ数年、学習者をグループに分けて、それぞれのグループに特定のフィードバックを与えて、そのあとのテストの結果を比べるという、かなり実験的な研究も行なわれるようになってきました。以下、これまでの研究でわかってきたことをまとめてみます。

■明示的なフィードバックか暗示的なフィードバックか

明示的か暗示的かという点では、多くの研究で「明示的なフィードバックのほうが暗示的なフィードバックよりも効果がある」という結果

が、フィードバックのあとの学習者の反応を見た研究から報告されています[16]。なぜかと言うと、暗示的フィードバックは、学習者が気づかなかったり、どの部分にフィードバックされているかがわからなかったりすることが多いからです。たとえば、「寒いでした」という誤りに対して、「寒いでした？」と聞き返す形で誤りだということを気づかせようとしても、「はい」とか「そうです」という答えが返ってくることがよくあります。学習者は、言語形式に対する訂正フィードバックと思わずに、内容に関する確認だと思ってしまうのです。特に、自然なコミュニケーションの流れを止めずに、「あ、そうですか。寒かったですか。」のように暗示的に正用を提示するリキャストは、談話の中での内容面での確認をする機能と、学習者の誤用に対して目標言語形式を示す機能の両方を持たせて使われるため、非常に気づきにくいことが多くの研究で指摘されています[17]。

■**教師から正用を示すか、学習者に修正を促すか**

一方、明示的か暗示的かを問わず、教師側から学習者に正用を示すフィードバックと、正用を言わず修正を促すフィードバックとでは、学習者が気づいて反応するかどうかを見ると、修正を促すフィードバックのほうがアップテークが多く、有効という結果が出ています[18]。また、異なるタイプのフィードバックを受けたあとのテストの結果を比べるという実験的な研究でも、修正を促すほうが効果があるという結果が報告されています[19]。最近では、修正を促すタイプのフィードバックは「**プロンプト**」あるいは「**形式交渉（negotiation of form）**」と呼ばれています。訂正フィードバックでは、リキャストのような形で正しい形のイン

16　Lyster & Ranta (1997), Lyster (1998), Carpenter, Joen, MacGregor & Mackey (2006)
17　Lyster & Ranta (1997), Egi(2007) など
18　Lyster & Ranta (1997) など
19　Lyster (2004), Ellis, Loewen & Erlam (2006), Loewen & Philp (2006) など

プットが与えられるだけでなく、アウトプットを修正させて正しい形を産出させることにより習得が促進されると考える研究者が多いようです。

フォーカス・オン・フォームが提唱され始めて以来、リキャストはその効果的な方法として注目されてきましたが、最近の研究結果をまとめると、暗示的であり、かつ正用を示すフィードバックであるリキャストは、気づかれにくく、さらに、アウトプットを修正させることにもつながりにくいということになります。しかし、だからと言って、常に明示的手法がいいとは限りません。前述のフォーカス・オン・フォームの考え方に基づくと、「『寒い』はイ形容詞ですよね。だから、『寒いでした』でいいですか」などとコミュニケーションの流れを止めてあからさまに文法の授業にしてしまうのではなく、コミュニケーションの自然な流れを止めずに、正しい形に気づかせるリキャストにこそ効果があるということも主張されています[20]。

また、前述のようにこれまで多くの研究は、フィードバックのあと学習者がどう反応したか、自分の誤りを修正したか、という基準でフィードバックの効果を見ているものが多く、そのため、気づかれにくく学習者がそのフィードバックを受けて言い直したりすることが起こりにくいリキャストは、効果が低いという結果になっていました。しかし、リキャストのように、自然なコミュニケーションの中で正用のインプットを与えるフィードバックは、その時その時にははっきりと気がついたような反応がなくても、学習者への肯定証拠のインプットとなり長期的には習得につながるという考え方もあります[21]。

実際、リキャストもプロンプトと同様に習得を促進する効果があるという研究結果も報告されています[22]。それらの研究のほとんどは、学習者をグループに分けて、それぞれのグループに、ある特定の言語形式に

20　Long（1991）
21　Long（1991）
22　McDonough（2007）など

集中的に繰り返し同じタイプのフィードバックを行なって効果を比較するというタイプの研究です。特に、このような方法でフランス語の男性名詞・女性名詞の間違いを対象に最近行なわれた研究では、非常に興味深い結果が出ています。リキャストを受けた学習者は、言い直しをしていなくても、プロンプトを受けた学習者と同じような効果が得られたという結果が報告されているのです[23]。この研究では、リキャストを受けたグループは、リキャストのあと、それを受けてその正しい形を自分で言い直すということはほとんどしておらず、プロンプトのフィードバックを受けたグループはほとんどの場合、自分で誤りを修正し正しい形を産出しています。しかし、それにもかかわらず、リキャストを受けた学習者は、プロンプトを受けて自分で誤りを修正したグループと、その後のテストの結果などでは違いが出ず、同じように学習が進んでいたのです。

　これはおそらく、普段は何を直されているのかわかりにくいリキャストでも、ひとつの項目に集中してリキャストを行なえば、何が直されているのか気がつくということでしょう。つまり、気がつきさえすれば、実際に口に出して言い直すこと（アップテーク）がなくても同様の効果がある、と考えれば説明がつきます。（どのようなリキャストが気づかれやすいかは、次の節で説明します。）

　このように、リキャストは、同じ言語形式に集中的に繰り返しリキャストが行なわれる実験的な研究では、効果が得られることが報告されています。ですから、集中的に繰り返し行なわれるリキャストには、リキャストのあと学習者が言い直しをしていなくても、習得を促進する効果があるという可能性があります。実際のクラスの中で、同じ形式に集中的にリキャストをするということは、場合によっては難しいかもしれませんが、ある項目が豊富に使われるタスクの中や、ある項目を集中的に練習しているときなどは、リキャストを繰り返すことで効果があるかも

---

[23]　Lyster & Izquierdo（2009）

しれません。また、「今日は〜にフィードバックしますね」などと言って注意を促してからリキャストをするのも効果的でしょう。

3.4　リキャストかプロンプトか

　第5章（4.4）で、「子どもの母語習得では誤用訂正は行なわれないと言われてきたが、実はそうでもないことがわかってきた」ということを述べました。実は親が子どもに行なっているフィードバックが、ここまで述べてきたリキャストなのです。「窓が開けたね」などという子どもの言葉に「そうね、窓が開いたわね」という形で親はリキャストを行なっていることが観察されています。リキャストはもともとは、このような母語習得の分野での観察から、第二言語習得においても効果的なフィードバックであろうと考えられるようになりました。しかし、前述のように、形式にフィードバックされているのか内容に関する確認なのかがわかりにくく、また、どの部分にフィードバックされているかもわからないということが指摘されており、一方で、学習者に修正を促すプロンプトのほうが有効ということが言われてきています。では、私たちは、どちらを使えばいいのでしょうか。

■気づかれやすいリキャストとは

　実は、リキャストにも気づかれやすいものと、そうでないものがあることがわかってきています。まず、リキャストで学習者の発話を修正して返す場合に、長いリキャストだと、学習者は処理能力の限界から処理できなかったり、どの部分が自分の最初の発話との間にギャップがあるかがわからなかったりするので、短いリキャストのほうが効果があるという研究結果が報告されています[24]。たとえば、「明日は図書館に勉強しようと思っています」のような発話に対しては、筆者自身、つい語学教師の習性からきちんとした文で言おうと思って、「ああ、図書館で勉

24　Philp（2003）, Sheen（2006）, Egi（2007）など

強しようと思っていますか」のように返してしまったりします。しかし、これでは長すぎて、この長さの中では、「に」が「で」に修正されたことに学習者は気づきにくいのです。「ああ、図書館で？」のように短く返したほうが気づきやすいのです。

　また、修正する箇所は一箇所にしたほうが効果があることも、わかってきています[25]。学習者が「明日は図書館に勉強すると思います」のように言った場合も、やはりついつい「ああ、図書館で勉強しようと思っていますか」と返してしまいたくなりますが、これではフィードバックのポイントが三つになってしまうので、学習者は自分の発話とのギャップがどこにあるか気がつかない可能性が高いのです。

　筆者自身は、これらの研究結果を初めて読んだとき、非常に反省させられました。フィードバックをしながら完結した文全体も聞かせようとか、いくつも一度にフィードバックしようとか、いろいろ欲張ったことをしてもだめだということなのです。

　さらに、語彙と音声に対するリキャストのほうが、文法的な項目へのリキャストよりも気づかれやすいこともわかってきています。これも、語彙や音声に対するリキャストは、文法的なものに比べて短く、また一箇所だけのリキャストになりやすいからだろうということが指摘されています[26]。

■どんな授業でのリキャストが気づかれやすいか

　また、どんな授業の中でリキャストを行なうかによっても、その気づかれやすさは異なるようです。意味に焦点が当てられている内容中心の授業や、イマージョン・プログラムなどでは、リキャストは言語形式へのフィードバックであることが気づかれにくいのに対して、もともと言語形式にある程度焦点が当てられた授業の中でなら、リキャストは言語形式へのフィードバックとして気づかれやすいことも指摘されていま

---

[25]　Philp (2003), Sheen (2006), Egi (2007)など
[26]　Egi (2007)

す[27]。つまり、リキャストには、意味や内容の確認といったコミュニケーション上の機能と言語形式へのフィードバックという両方の働きがあるため、授業全体がもともとコミュニケーション中心であればあるほど、リキャストは内容の確認として受け取られ、授業全体が言語形式に注意を向けるようなものであればあるほど、リキャストは言語形式へのフィードバックとして受け取られやすいということです。

■リキャストは否定証拠か肯定証拠か

また、リキャストに関する議論として、もう一つ挙げられるのが、リキャストは否定証拠を与えるフィードバックとして提唱されてきましたが、実は直接的には否定証拠を与えるのではなく、肯定証拠を与えるフィードバックであるという指摘もされているということです[28]。これは、筆者自身も学習者としての経験から実感しています。

筆者は、アメリカの航空会社の飛行機の中で客室乗務員の方からリキャストを受けたことがあります。コーヒーをお願いした際に、英語で「砂糖とミルクは要るか」と聞かれ、ミルクだけ入れてくれと言うつもりで"Only milk."と答えたところ、"Just milk?"と確認されました。このとき筆者は、「あれ？、just のほうがよかったのかな」と感じたので、このリキャストはしっかりと気づきにつながったと言えます。これは、前のページで述べたように語レベルでのリキャストは気づかれやすいということとも一致します。ところが、実は、こんなところで only を使うのが変だったのか、あるいは、単に別の言い方で聞き返されただけで、only でも全くかまわないのか、それはこのリキャストだけではわかりません。ですからこの場合のリキャストは、肯定証拠を与えるフィードバックにはなりましたが、否定証拠を与えるフィードバックにはならなかったと言えます（なお、その後、英語のネイティブ・スピーカーに聞いてみたところ、「only は使えない」という答えが返ってきまし

27　Lyster & Mori (2006)
28　Lyster (2002), Leeman (2003), Ellis & Sheen (2006)

た)。

　もちろん、教室外で受けるリキャストと、教室で教師から受けるリキャストでは学習者の受け取り方も異なることも考えられますが、ここで述べた場合のように、もともとその形式が誤りかどうかの知識を全く持っていない場合、リキャストをされてもそれが誤りだったかどうかはわからないということが言えるのかもしれません。リキャストが否定証拠になるかどうかは、今のところ意見が分かれています[29]。

　一方、プロンプトはリキャストとは異なり、否定証拠を与え、かつ、前述のように、「え、『寒いでした』でいいですか」のように修正を促し、アウトプット仮説で言われている「強制アウトプット」を引き出そうとするものです。ただ、形の修正をさせるという点でリキャストよりも強力に学習者の注意を言語形式に集中させる方法であり、コミュニケーションの流れを妨げることになります。ですから、フォーカス・オン・フォームを提唱する研究者は、習得を促進するのは暗示的なリキャストのほうであると主張し、声のトーンを変えるなど、リキャストそのものを際立たせる工夫によって、リキャストは効果的なものになるとしています[30]。

■リキャストが効果的なとき、プロンプトが効果的なとき

　このように今のところ研究者の間で意見の一致は見られませんが、両方をうまく使い分けていくのがいいだろうというのが妥当なところのようです。たとえば、学習者がすでに知っているけれど使えていない項目に対しては、プロンプトによってアウトプットを修正させ、知識の自動化を促進する必要があること、逆に、学習者の現在の能力を超えた誤りの場合はリキャストのほうがいいということも言われています[31]。かなり定着化している誤りの場合も、インプットに触れているだけではそれ

---

[29]　Lyster (2002), Ellis & Sheen (2006)
[30]　Long (1996), Doughty (2001)
[31]　Lyster (2002)

以上中間言語が修正されない状態になっている可能性があるので、その場合、リキャストではあまり効果が望めず、プロンプトによって修正を促していく必要があるでしょう。語彙や音声へのリキャストは気づかれやすいということも参考になります。このようなことが、どちらを使っていくかの判断の参考になるでしょう。

　また、すべての誤りにプロンプトのフィードバックをして修正させるわけにもいかないので、その意味でもリキャストと混ぜて使っていくことが必要になります。特に、前述のように、授業全体がもともと言語形式に焦点が当てられたものであるほどリキャストは気づかれやすいということがわかっているので、現在の日本語教育で多く行なわれているような、文法シラバスにコミュニカティブな要素を取り入れていくという形態の授業であれば、リキャストは使いやすいことになります。ただし、リキャストをする場合、先ほどの「短く」「修正点は一箇所に」などに注意して気づきやすくすることが必要ですし、また声のトーンや表情などで気づきを促すことも必要でしょう。

■フィードバックを効果的に使い分ける
　ここまでをまとめると、次のようになります。
（1）　リキャストは、言語形式への訂正フィードバックだということが気づかれにくく、また、どの部分にフィードバックされているのか学習者にわからないことが多い。
（2）　しかし、リキャストは短く、修正箇所は1箇所だけにすることで、気づかれやすくなる。声のトーンを変えるなど際立たせる工夫も必要。
（3）　もともと言語形式に焦点の当たった授業では、リキャストは気づかれやすい。
（4）　すでに知っているはずだが使えない項目へのフィードバックは、プロンプトにより修正を促すと効果的。
（5）　学習者の現在の言語レベルを超えた誤りにはリキャストのほうが

いいだろう。

3.5　どんな誤りにフィードバックをしたらいいのか

　さて、どんなフィードバックが効果的かということがある程度わかったとしても、学習者の誤用すべてにフィードバックをすることは、いろいろな意味で不可能です。調査の結果からは、多くの学習者は「誤りを訂正してほしい」と思っているという結果が出ていますが、それでも、話すたびにすべての誤りを直されてはげんなりしてしまうでしょう。筆者も、三単現の-sを落とすたびにいちいち指摘されたら、英語を話すのが嫌になってしまうと思います。また、みんなの前で誤りを指摘されることは、学習者にとってストレスになりますし、そのストレスの感じ方にも個人差があります。さらに、学習者の誤りを全部直していたら授業が進みませんし、コミュニケーションの流れも止まってしまいます。私たち教師は、学習者の誤りを前に、フィードバックをするかしないか、するならどんなフィードバックをするかを、瞬時にどんどん判断していかなければなりません。

　その場合には、その誤りがどんな誤りか、その授業で今何を教えているか、何を目的とした活動の中で出てきた誤りか、クラスの人数、多くの学習者で共通に見られる誤りか、ということや、その学習者の性格など、様々なことを瞬時に考えなければなりません。このような判断は現場で経験を積みながら養われていくしかないものですが、その時の判断の基準の一つとしてフィードバック研究の成果が重要になるのです。

　フィードバックをするかどうかの決定を大きく左右するのが、その誤りがどんな誤りかということです。これも、まだはっきりしたことは言えない段階ですが、学習者の発達段階に合わせたフィードバックが有効ということが言われています[32]。この観点からは、学習者の今の能力を超えたエラーにはリキャストで、ということにも納得がいきます。

32　Lightbown & Spada（2006）

また、第1章で述べた意味に関わらないローカル・エラーと、意味に関わるグローバル・エラーでは、どちらにフィードバックする必要があるでしょうか。筆者もそうなのですが、おそらく多くの方が、小さいローカル・エラーをいちいち直すより、グローバル・エラーのほうにフィードバックをしがちだと思います。もともとグローバル・エラーの場合、意味が通じないため自然に意味交渉が起こり、フィードバックもしやすいですが、意味が通じているローカル・エラーにいちいち介入することには教師としてもためらいがあります。

　ところが、習得という観点から考えると、第5章でも書いたように意味が通じないグローバル・エラーは、学習者同士のペア・ワークなどの教室活動や教室以外でも意味交渉が起こり、誤りに気づく機会が得られますが、意味が通じてしまうローカル・エラーに気づく機会は教室以外ではなかなか得られません。私たち教師がフィードバックをしなければ、そのままになってしまう可能性もあるのです。ですから、教室ではローカル・エラーへのフィードバックも重要だと言われています[33]。

　このあたりは、まさに語学教師のジレンマと言ったところでしょう。筆者自身は、ある程度のレベルになっても「大きいの本」のように「の」が入ってしまうとか、場所の「に」と「で」の使い分けなど、決まったローカル・エラーが繰り返される学習者には、教室ではある程度リキャストをしながら、授業終了後などに個人的にフィードバックをして注意を促すような形をとっていますが、どんな方法がいいのかは引き続き考えていかなければならないと感じています。

　なお、ローカル・エラーがあっても意味は通じるのだから、直さなくてもいいだろうという考えもあると思いますが、それはまた別の問題です。もちろん、全く誤りのない完璧な外国語を目指す必要はないのですが、それぞれの学習者がどんな日本語を必要としているか、どんな日本語話者になりたいかは学習者側が決めることです。教師の主義・主張か

---

[33] Lightbown & Spada（2006）

ら「通じるのだから、この程度の日本語でいい」と決める権利は私たちにはありません。誤りのない日本語を目指す学習者もたくさんいますし、それを否定することはできません。

　また、忘れてはいけないことは、オーディオ・リンガルの時代のように「誤りを排除するために」フィードバックを行なうのではなく、学習者の中間言語発達を促進するためにフィードバックを行なうべきだということです。フィードバックは学習者の言語を否定するものではなく、学習者の言語発達を助けるためにするものなのです。

　フィードバックに関しては、まだまだ明らかになっていないことも多いのですが、ここまで述べたように少しずつわかってきたこともあります。教室でのフィードバックは、習得研究の成果と、個々の教師が現場の経験を積むことで得られるものとの両方をまさにフルに活用して、その時その時に判断をしていくことが必要だと言えます。

4．再び、教える順序について

　第4章で、教える順序について述べましたが、章の最後に、「難しいものから先に教えるという選択肢もある」ということを書きました。このような、発達段階に沿って教えるということと一見矛盾するような理論が、第二言語習得研究の分野では提案されているのですが、これはどんなものなのでしょうか。また、どう考えたらいいのでしょうか。

　まず、この理論がどんなものかを見てみましょう。これは、「**投射モデル**（Prpjection model）」というもので、ある項目を教えるときに、その項目の中の難しいものを教えると、その項目の中の易しいものもインプットさえあれば一緒に習得されるという理論です[34]。たとえば、英語などの関係節では、主格の関係節（例：the man who came here yesterday）のほうが、前置詞を使う関係節（例：the man with whom I went to Kyoto）よりも易しいとされています。普通に考えれば、易

---

[34] Zobl (1983)

しいものから順々に教えたほうがよさそうですが、投射モデルの考え方では、with whom とか by which などを使う関係節を先に教えれば、主格の関係節も一緒に習得されるというのです。実際、多くの研究で、with whom などの関係節の練習をすることでその効果が主格の関係節にも及ぶという結果が出ています。ただ、このようなモデルが検証された項目はまだ少なく、関係節のほかには英語の人称代名詞ぐらいしかありません。

　研究結果としてはっきりした答えは出ていませんが、ここで大切なのは、「易しいものから教える」という非常に当たり前のように見える考えとは反対の、「難しいものから教えたほうがいいかもしれない」という可能性があるということです。

　一つ日本語の例を見てみましょう。日本語では、「本を読んでいる」のような進行を表す「ている」と「窓が開いている」のような結果状態を表す「ている」では、進行のほうが結果状態よりも習得が早い、あるいは習得されやすい、という結果が多くの研究で出ています[35]。実際多くの初級教科書では、進行の「ている」のほうを先に教えるようになっています。では、それを逆の順序で教えてみたら、どうなるでしょうか。

　筆者が日本語を教えてきた教育機関で使っている教科書(『Situational Functional Japanese』)では、結果状態の「ている」がかなり早い段階で出てきて、そのあとしばらくたって進行の「ている」を教えます。詳しく書くと、24課まであるうちの8課で「窓が開いています」のような結果状態を数少ない動詞で学習します。「持っている」「住んでいる」「結婚している」のように「ている」で使われる頻度が高い表現もここで学習します。そのあと、11課で自動詞・他動詞を学習し、結果状態の「ている」も「止まっている」「壊れている」などもう少し多くの動詞で練習して、そのあと13課でやっと進行の「ている」が出てきます。つま

---

[35] Shirai & Kurono (1998), Sugaya & Shirai (2007)

り、学習者は最初に「ている」を状態を表す形式として使い始め、その後「進行」でも使われることを学ぶわけです。きちんと調べたわけではなく筆者の経験的なものではありますが、このような順序で教えると、「あいている」「ついている」など、教室で学習したものに関しては、結果状態の「ている」の定着が非常にいいと感じています。さらに、「進行」の「ている」を教えるときには、同じ形式への「異なる意味」であるにも関わらずほとんどの学習者が抵抗なく受け入れてくれ、進行の「ている」はそれほど練習に時間をかける必要がありません。

　これは、考えてみると非常に納得のいく現象です。進行の「ている」は、英語では be eating のように進行形で訳されます。学習者にとっては、「ああ、日本語の「ている」は be -ing か」と考えて、「読んでいる」は be reading、「見ている」は be watching と考えていくと、それほど難しい形式ではないようです。英語以外の言語を母語に持つ学習者も、自分の母語に進行形がある場合、それに当てはめて理解していくでしょう。一方、「開いている」のような結果状態の場合、英語では「開いている」は be open、「（電気が）ついている」は be on のようにいろいろな表し方をしますが、進行形と同じ形式で表すことはしません。多くの言語では、進行形と「（結果の）状態」を同じ形式で表すことはないと言われています。

　さて、ここで問題なのは、もし先に進行の「ている」を教えて、学習者が一度、「ている」は進行形だという強い結びつきを作ってしまうと、なかなか、それ以外のものとも結びつけていくということができにくくなるのではないかということです。特に、「ている」＝進行形という結びつきは、進行形がある言語の母語話者にとっては、とてもクリアで、わかりやすい結びつきなので、そうであればあるほど、そこから抜け出すのは大変だと考えられます。

　学習者は形式と意味を結びつけていく場合に、初めは1対1の結びつけをしていくと言われています[36]。そして、徐々に1対多の結びつけに移っていくのですが、最初の結びつけが非常にわかりやすい結びつけで

使いやすく、また何度も使うことでその結びつけがどんどん強くなってしまうと、そこに、別のものを結びつけることが難しくなってしまうことが指摘されています[37]。さらに、結果状態の「ている」は、自分の言語の進行形では表さない意味であることが多いため、進行の「ている」を先に教えてから結果状態の「ている」を教える場合、進行を表すと思っていた「ている」に、全く異なる意味を足していくことになります。

　では、逆の順序で教えた場合はどうでしょうか。学習者は、結果状態の「ている」を学ぶ場合、自分の母語のどれに当たるかということが見つけにくいので、多少難しさは伴いますが、「ている」＝状態を表す形式という結びつけを作ることになります。実は、動作が継続していることを表す「進行」も、状態の一部に入りますので、先に「ている」は状態を表すという結びつけを作り、その後で「進行」の意味にも広げるというのは、学習者にとってはそれほどわかりにくくはないでしょう。

　一つの形式に二つ以上の意味があるときに、易しくてわかりやすいものから教えたほうがいいと考えがちですが、実は、易しいものを先に教えることにより、そのあとに教えるものの習得を遅らせる結果になる可能性があるということは、頭に入れておく必要があるでしょう。だからと言って、すべての形式に関して、このように難しいほうを先に教えたほうがいいかどうかはわかりません。一つひとつ、実際にどの順序で教えたほうが効果的かを見る研究が行なわれる必要がありますし、また、それは私たち教師が教室で試してみることも可能です。大切なのは、どう教えるか、どちらを先に教えるかを考えるときに、難しいものを先に教えるという選択肢もあることを視野に入れて考えるということなのです。

　なお、発達段階という考え方と、難しいものを先にという考え方は、相反するものではありません。難しいものを先にというのは、「ある項目の中の易しいものと難しいもの」という話なので、たとえば、単文よ

36　Andersen（1984）
37　N. Ellis（2006）

り先に複文を教えるとか、そういった話ではありません。ですから、第4章7節でも述べたように、発達段階というものを大きな枠組みとして考えながら、また、ある形式をどう教えるかという場合には、また別の考え方をすると考えていくといいのでしょう。

[この章のまとめ]
1. 第二言語での意味理解の過程では、内容語を聞いて意味処理をして、機能語は処理しない、つまり文法処理をしないで意味の理解を行なうことがしばしば起こる。
2. 「処理指導（プロセシング・インストラクション）」では、新しい項目の導入のあとにまずインプットを理解するタスクを行ない、インプットにより形と意味の結びつけを行なわせてから、アウトプット活動に移る。
3. 教室指導では、「意味のある文脈の中で学習者の注意を言語形式に向けさせる」こと（フォーカス・オン・フォーム）が必要だと考えられている。
4. 明示的な指導は暗示的な指導よりも、明示的な文法能力を発達させるには効果があるようだが、コミュニケーションの中で使える力を得ることにも効果があるかどうかは、今のところわかっていない。いずれにせよ、言語形式に焦点を当てた指導でつく知識は明示的知識であり、その知識がインプットからの習得を助ける形で習得を促進すると考えるのが妥当であろう。
5. 暗示的フィードバックである「リキャスト」は、言語形式への訂正フィードバックだということが気づかれにくく、また、どの部分にフィードバックされているのか学習者にわからないことが多い。しかし、研究結果からは、気づきさえすれば、学習者が修正しなくても、修正を促す「プロンプト」と同じ効果がある可能性も示唆される。
6. 「リキャスト」と「プロンプト」をうまく使い分けることが重要

である。
7. 易しいものを先に教えることにより、そのあとに教えるものの習得が遅れる結果になる可能性もある。どう教えるか、どちらを先に教えるかを考えるときに、難しいものを先に教えるという選択肢もあることを視野に入れて考える必要がある。

［練習問題］
1．次の項目を教える場合のインプット処理タスクを考えてみましょう。
　(1)「本を読んでいます」のような「進行の『ている』」
　(2)「病院へ行かなければなりません」のような「〜なければならない」
2．リキャストとプロンプトの長所、短所をまとめてみましょう。
3．日本語の初級レベルでは、可能の意味を表す表現として、「話せる」「食べられる」のような可能形と「話すことができる」のような形を学ぶのが一般的です。多くの教科書では「〜ことができる」のほうを先に教えるようになっていますが、可能形のほうを先に教える教科書もあります（例：『Situational Functional Japanese』）。可能形のほうを先に教えることと後で教えることの、メリット、デメリットを考えてみましょう。

第 8 章　言語習得に及ぼす年齢の影響

　私たちが言語習得や外国語教育に関するいろいろなことを一生懸命勉強して、効果的な授業をしようと臨んでも、クラスにいる学習者全員が同じように順調に中間言語を発達させていくわけではありません。早く上達する学習者もいるし、なかなか先に進めない学習者もいます。また、留学生などに教えていると、とても難しい先端分野の優秀な大学院生なのに、日本語に関してはクラスメートと同じようには上達しない学習者もいます。同じように教えても、学習者によって効果は異なるのです。8章以降では、このような学習者の個人差について考えます。8章では、まず、外国語学習は若いころに始めたほうが有利なのかという「年齢要因」について考えます。さらに、子どもの第二言語習得に関して注意が必要な点について考えます。

1．外国語学習は早くから始めたほうがいいのか
1.1　「臨界期」という考え方

　日本では最近、小学校英語教育に関する議論が盛んに行なわれています。小学校英語教育の導入以前からも、英語は早くから始めたほうがいいとか、小さいうちから始めればネイティブ・スピーカーのようになれるといったことは、ずっと言われてきています。

　この背景には、「**臨界期仮説**」という考え方があります。もともと「臨界期 (critical period)」というのは、生物がある特性を獲得するための学習が成立する限られた期間のことを言います。たとえば、鳥のヒナは最初に見たものを親と考えて後ろについていくとよく言われていま

すが、実はそれが起こる期間は決まっていて、ある時期までに親（あるいは親だと思えるもの）を見ることができないと、それ以降には何を見ても親だと認識できなくなってしまうそうです。このような臨界期が私たちの第二言語学習にもあるのではないか、つまり、「その期間を過ぎると外国語の習得が難しくなる期間」があるのではないか、という議論があります。臨界期仮説では、第二言語学習を始めるのが思春期を過ぎると母語話者のような言語能力をつけるのは難しいと考えられていて、具体的には12歳ぐらいまでだとよく言われますが、研究者によって立場はまちまちです。では、本当に、このような臨界期があるのでしょうか。

　実は、臨界期があるかどうかについては、意見が分かれています。ただ、確かに年齢が第二言語習得に影響を与えることは事実のようです。実際、親子で海外に駐在に行った場合などに、親はそれほどその国の言葉が上達しないのに、子どもはかなりペラペラになって帰ってくるという話はよく聞きます。日本に親子連れで来ている外国人の場合も同様のことがよくあります。しかし、それが本当に生物学的な臨界期によるものかどうかは、明らかではありません。また、臨界期のようなものがあるとしても、その年齢を過ぎると急に習得できなくなるのか、あるいは徐々に習得しにくくなっていくのかなども、まだよくわかっていませんが、今のところ得られている研究結果からは「徐々に」と考えたほうがいいようです[1]。

1.2　年齢の影響について、ある程度わかっていること

　上に書いたように、年齢が第二言語学習に影響を与えることに関しては、多くの研究で明らかにされています。特に、音声の習得に関しては、学習を始めた年齢の影響が非常に大きく、大人になって始めたのでは、母語にない音の聞き分けも大変ですし、発音やアクセントにも母語

1　R. Ellis (2008)

の影響が残ってしまうと言われています。これは、経験的にも納得できるところでしょう。もちろん人によっては、ある程度の年齢から始めてもかなりネイティブ・スピーカーに近い発音になる人もいますが、それでも、ほかのネイティブ・スピーカーが聞いてネイティブでないことに全く気がつかないというところまでいく人はなかなかいません。語彙や文法など発音以外の要素も大人になって始めたのではネイティブ・スピーカー並みになれないかどうかという点では、意見は分かれています。

また、よく言われるのは、「Older is faster ; younger is better. (大人のほうが早いが、子どものほうが優れている)」[2] ということです。大人は分析能力などの高い認知能力を持っているので、それを使って短い時間で早く学習することができます。ですから、学習を始めてから早い段階では大人のほうが学習が早く進むのですが、その後ある程度の時間がたつと子どもに追い越されてしまい、子どものほうが高いレベルに達するということです。

1.3　なぜ年齢が外国語習得に影響するのか

では、なぜこのように年齢が第二言語学習に影響を与えるのでしょうか。これにはいくつかの説があります。

一つは、脳神経科学的な説明です。人間は生まれてから、徐々に脳のどこでどんな働きをするかが決まってきます。最近は脳科学ブームとも言われているので、言語は左脳で、芸術などは右脳でという話など、聞いたことがある人もいると思います。このように、脳のどの部分で何をするかという脳の機能が決まっていくにつれて、言語を習得する能力が衰えていくという説があります。

また、認知的な面からの説明もあります。大人はすでに抽象的分析能力が発達しているため、子どものような自然な言語習得ができないけれど、子どもは無意識的で自然な言語習得ができることが習得の進み方に

2　Krashen, Long & Scarcella (1979)

影響するという考えです。確かに、インプットからの自然な学習が言語習得には重要だと考えれば、その点は子どものほうが有利だということには納得がいきます。

　心理的な面からの説明も行なわれています。大人は自意識が発達し、新しい環境や第二言語環境にとけこめなかったり、またあえて第二言語社会に入り込まないようにしたり、ということが起こります。それが影響しているという考えです。

　また、最近言われているのは、母語を習得することにより、第二言語が習得しにくくなるということです。第3章5節の母語の影響のところでも述べたように、たとえば音声の聞き取りや発音の場合、聞き取りに関しては、母語を理解するために必要のない違いは無視するようになっていきます。これは、母語の習得や理解を効率的に行なうために必要なことです。また、発音のほうは、母語を話すための舌の動かし方や口の周りの筋肉の使い方をずっとしていくため、母語で発音しないような運動を伴う発音は徐々に難しくなっていくでしょう。年齢が上がれば上がるほど、母語を使う期間が長くなるわけですから、4歳の子どもと15歳とでは、母語によるフィルターの強さが全く違います。音声以外の文法や語彙に関しても、母語を使っている期間が長くなればなるほど、母語のフィルターを通して見ることになるので、年齢が上がってから第二言語学習を始めればそれだけ習得が難しくなることになります。母語の影響も年齢の影響も音声面に最も強く出るということを考えると、この説明には納得がいきます。

　このように、今のところ、第二言語習得が年齢に何らかの影響を受けることは確かなようですが、それが「生物学的な」要因によるのか、それともそのほかの要因によるのかは意見が分かれています。上に述べたことのどれが要因かということより、そのうちのいくつかが複合的に影響を与えていると考えたほうがいいのかもしれません。また、そもそもある程度の年齢を超えると、頭の中の処理の速度が遅くなったり、記憶力が衰えたりということが起こるために、第二言語学習に限らず、あら

ゆる「学習」が若いころのようにうまくいかないということも起こります。30歳を過ぎると、言語を処理する速度が遅くなるという研究報告もあります[3]。その要因が何であれ、第二言語習得の進み方が年齢に何らかの影響を受けるということ、そしてそれは自然なことであることを外国語を教える教師が知っておくことは必要なことでしょう。

２．子どもは二つの言語をどう習得するのか

　ここまでの「年齢要因」の話は、最終的には子どものほうが高いレベルに達すると書いたように、年をとって外国語学習を始める場合にネイティブに近いような高い到達点に達するのは難しいようだという形での、年齢の影響の話でした。では、小さいうちから外国語を学ぶことは、いいことばかりなのでしょうか。

　最近は、テレビ番組などを見ていても、いわゆるバイリンガルと呼ばれている人たちがよく登場しますし、「我が子をバイリンガルに」というような内容の本が書店に行くと並んでいます。「バイリンガル」という言葉はあこがれを持って語られることが多いようです。実際、筆者自身も以前は、まだ小さい子どもを連れて海外駐在に行くことになった友人に、「じゃあ、お子さんは将来バイリンガルね！」などと気軽に言ったりしていました。

　しかし、実は、二つの言語を同じように流暢に使えるバイリンガルになるのは、そう簡単なことではなく、それよりもむしろ、子どもの時代に外国に移り住んで第二言語を習得するような場合、大人には起こらないような問題が起こることもあります。

　日本国内では、現在小学校や中学校に、日本語を母語としない児童、生徒が増えており、そのような子どもたちへの日本語教育の必要性が急激に高まっています。年少者への日本語教育に関しては、日本語教育の知識のある教員の不足など制度的な問題が山積みになっているのが現状

---

[3] Obler, Fein, Nicholas, & Albert (1991)

ですが、実は、仮に日本語教員が確保されて十分な日本語教育の時間がとれるようになったとしても、それだけでは済まない問題があります。このような現状をふまえて、ここでは、子ども時代に2言語を学ぶ場合の問題点について考えてみます。

2.1　バイリンガリズム

　バイリンガリズム（2言語使用）とは、社会あるいは個人が二つの言語を使用することで、二つの言語を使用する人のことを**バイリンガル**と言います。それに対して、一つの言語しか使わない人のことは**モノリンガル**と言います。先に書いたように、一般的には、バイリンガルという用語は二つの言語のどちらもネイティブ・スピーカーのように自由自在に操る人を指して使われることが多いようですが、このあと述べるように、専門用語としてのバイリンガルは様々なタイプの2言語使用者を含みます。

　両方の言語が同じぐらいに使える場合、**均衡バイリンガル**（balanced bilingual）と呼ばれます。それに対して、どちらかの言語能力のほうが高い場合、**偏重バイリンガル**（dominant bilingual）と呼ばれます。また、両方の言語を同時に習得した場合、同時バイリンガル（simultaneous bilingual）と呼ばれ、どちらかの言語を先に習得し、その後もう一方の言語を習得した場合、継起バイリンガル（sequential bilingual）と呼ばれます。たとえばお母さんが日本語母語話者でお父さんが英語母語話者で、生まれたときから二つの言語で育てられた場合、同時バイリンガルということになりますが、同時バイリンガルが必ずしも均衡バイリンガルになるわけではありません。均衡バイリンガルになる可能性もありますが、実際には、このような場合でも、日本で育てば日本語のほうが流暢になり、アメリカで育てば英語のほうが流暢になるという偏重バイリンガルになることが多いようです。

2.2　子どもはどんな言語能力を身につけなければならないのか

　モノリンガルにせよバイリンガルにせよ、子どもが身につけていかなければならない言語能力には、**日常言語能力**（**BICS**：Basic Interpersonal Communication Skills）と**認知学習言語能力**（**CALP**：Cognitive Academic Language Proficiency）があると言われています。BICS は、文字通り日常的な生活のコミュニケーションに必要な言語能力、CALP は学習に必要な言語能力で、読み書きや複雑なディスカッションをしたりすることに関わる言語能力です[4]。子どもがどこか外国に住むことになり、その国の言葉を第二言語として習得する場合、BICS は 1 〜 2 年でつくと言われており、2 年もすると子どもは日常会話はこなせるようになるのですが、CALP が年齢相応のレベルに達するのには 5 〜 6 年かかると言われています。ですから、日本に来て 2 年ぐらいの日本語を母語としない子どもが日常会話を普通に話すようになると、日本語母語話者の子どもと一緒の授業を受けても大丈夫なように見えるかもしれませんが、実は年齢相応の授業についていける日本語能力が身についているわけではないのです。

2.3　二つの言語が助け合うという考え

　では、2 言語を使用する子どもは両方の言語で別々に CALP を発達させなければならないのでしょうか。実はその必要はなく、どちらかの言語で発達させればいいと言われています。この考えのもとには、バイリンガルの子どもは、それぞれの言語を全く別々に発達させていくわけではなく、それぞれの言語に共通する部分は共有されて発達していくという考えがあります（**2 言語基底共有説**）[5]。この説は、よく図 2 のような氷山の絵で説明されます。氷山の水面に出ている部分に相当するの

---

[4] この用語を提唱したカミンズ自身は、最近は、BICS を conversational proficiency（会話能力）、CALP を academic proficiency（学習言語能力）と呼んでいます。

[5] Cummins（1981）

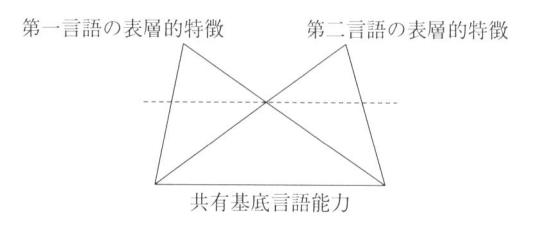

```
       第一言語の表層的特徴    第二言語の表層的特徴
```

```
              共有基底言語能力
```

図2　2言語基底共有説
Cummins（1981, p. 24）をもとに作成

が、各言語特有の部分で、その部分はそれぞれに学習しなければなりませんが、水面下の共有される部分に含まれるのが、主にCALPであるとされています。そして、CALPは一つの言語で身につければ、もう一つの言語に転移すると考えられています。

　つまり、読む能力であれば、それぞれの言語での読みに必要な技能は、それぞれの言語で別々に習得しなければなりませんが、「読む能力」そのものはもう一度ゼロから習得し直す必要はないということです。また、たとえば「認識する」といった抽象度の高い語であっても、これに相当する母語の言葉の意味や概念がきちんとわかっていて、「重要性を認識する」という表現が母語で理解できれば、第二言語でそれに当たる概念を学び直す必要はありません。もちろん言葉や表現は新しく学ばなければなりませんが、自分が母語ですでに持っている概念に第二言語の新しい語を結びつければいいのです[6]。

　しかし、どちらかの言語で身につければいいと言っても、たとえば6歳ぐらいの日本語を母語としない子どもが日本に来て、そのまま日本語母語話者と同じクラスで授業を受けて内容もわからないまま座っていても、CALPの発達は起こりません。年齢的に母国で学校教育を受けないで来日した子どもの場合、日本での教育でどちらかの言語でCALPが発達しなければ、CALPが身につかないまま大人になってしまうこ

6　バトラー（2003）

とになります。つまり、どちらの言語でも複雑なことを話したり、難しいものを読んだり書いたりすることができなくなってしまう可能性があるということです。そうならないためにも、子どもを対象とした日本語教育では、CALP の育成を長期的最重要課題として考えていく必要があります。ただ、現実問題として、BICS が育つまででも 1～2 年はかかることを考えると、すでに就学年齢に達して日本に来た子どもの場合、初めから日本語で CALP を育てていくというのには無理があります。ですから、子どもの母語を使った教科支援ができることが望ましいと言えます。

　2 言語基底共有説の提唱者であるカミンズは、**敷居仮説（閾仮説）**という仮説も提案しています[7]。これは、二つの言語の発達には、二段階の敷居があり、両方の言語の発達が上の敷居を越えれば認知発達にプラスになるけれど、どちらの言語も下の敷居を越えられない場合、認知的にマイナスの影響が出て、教科学習も進まない傾向があるという仮説です。両方の言語が上の敷居を越えるということは、どちらの言語でも年齢相応の能力を発揮できることになり、このような子どもはモノリンガルよりも認知的に優位になるとされています。どちらの言語も下の敷居を越えられないということは、どちらの言語も十分に発達しないということで、このような場合、**ダブル・リミテッド・バイリンガル**（または**リミテッド・バイリンガル**）と呼ばれます。どちらかの言語能力が上の敷居を越えて、もう片方の言語も下の敷居を越えていれば、モノリンガルに比べて認知上はプラスの影響もマイナスの影響も出ないとされています。

　日本国内での年少者への日本語教育で現在問題になっているのは、ダブル・リミテッドの問題です。日本語がまだ十分にわからない子どもが日本語母語話者と一緒の教室で授業を受けている状態では、先ほど書いたようにどちらの言語でも CALP が育たず、どちらの言語も下の敷居

---

[7] Cummins（1976, 1979）

を越えられない状態になる可能性大です。

　さらにカミンズは、**発達相互依存仮説**を提案し[8]、子どもの第二言語は第一言語が発達していれば発達しやすく、第一言語が未発達であると第二言語も発達しにくいとしています。

　このような相互依存の考え方からも、また、子どもの母語を保持していくという意味からも、母語による教育支援が求められています。年少者の場合、「日本語を教える」ことだけを考えるのではなく、両方の言語を育てることを考えていく必要があります。

[この章のまとめ]
1. 第二言語習得への年齢の影響については、「Older is faster ; younger is better.（大人のほうが早いが、子どものほうが優れている）」と言われている。
2. 第二言語習得に年齢が影響することは事実だが、臨界期が存在するのか、生物学的な原因によるかどうかは、論争の対象となっている。
3. 子どもが身につけなければならない言語能力には、日常言語能力（BICS）と認知学習言語能力（CALP）があり、子どもがどこか外国に住むことになり、その国の言葉を第二言語として習得する場合、BICSは1～2年でつくが、CALPが年齢相応のレベルに達するのには5～6年かかる。
4. 2言語基底共有説（それぞれの言語に共通する部分は共有されて発達していくという説）から、CALPは母語と第二言語それぞれで発達させなければならないわけではなく、どちらかの言語で発達させればいいと言われている。しかし、CALPがどちらの言語でも発達しなかった場合、複雑なことを話したり、難しいものを読んだり書いたりすることがどちらの言語でもできなくなってし

8　Cummins (1976, 1979)

まう（ダブル・リミテッド）可能性がある。
5．第二言語教育だけでなく、母語による学習支援や母語保持も必要とされている。

［練習問題］
1．小学生から英語を教えることのメリット、デメリットを考えてみましょう。
2．日本語を母語としない子どもが外国から日本へ来て日本の学校に通う場合に、「これから日本で暮らしていくのなら、日本語が大切だから、できるだけ家庭でも母語は使わずに日本語だけを使ったほうがいい」と考えることについて、発達相互依存仮説の観点から考えてみましょう。

第 9 章

言語習得に及ぼす個人差の影響（１）

　前章では年齢が第二言語習得に及ぼす要因について考えましたが、同じような年齢の学習者ばかりのクラスでも、やはり、学習者の学習の進み方は様々です。よく「あの人は語学のセンスがある」というようなことを言いますが、「語学のセンス」とはどのようなものなのでしょうか。本当に「語学のセンス」があるとかないとかいうことがあるのでしょうか。あるとすれば、私たち教師はどう対応したらいいのでしょうか。第 9 章では、「語学のセンス」すなわち「**言語（学習）適性**」というものがあるのか、あるとすればどんなものなのかについて考えます。また、学習を進めたり、物事を考えたりするときのスタイルの違いの言語習得に及ぼす影響についても考えます。

１．言語適性
1.1 「**語学のセンスがある**」とは、どんなことか
　私たちは学習者の立場でも語学教師の立場でも、よく「あの人は語学のセンスがある」という言い方をしますが、確かに、同じように学習を始めてもどんどん上達する人がいます。また、ある外国語を初めて聞いてリピートをするような場合でも、かなりモデルに近い音で繰り返せる人もいるし、そうでない人もいます。日本語のクラスでも同様です。全く日本語学習経験のない初学者の授業で、全員が同じスタートラインから始めても、「初めまして」から始まる初回の授業終了時には、その日に学習した自己紹介がすらすらとできるようになる人と、なかなか口から出てこない人がいて、たった１日ですでに差が出てしまいます。学習

する側の立場で考えても、教える側の立場で考えても、「語学のセンス」と言えるような「**言語（学習）適性**」は確かに存在するようです。では、それはどんなものなのでしょうか。

第二言語学習に関わる適性を測ろうという試みはかなり以前からいろいろ行なわれてきました。その中で最もよく使われてきたのが1950年代に開発された **MLAT**（Modern Language Aptitude Test）という言語適性テストです[1]。そのテストでは、言語適性には次の四つの要素が含まれるとされています。

① 新しく聞いた音を識別し記憶する能力（音韻符号化能力）
② 文法的機能を認識する能力（文法的感受性）
③ 文法的規則を帰納的に推論できる能力（帰納的言語学習能力）
④ 音と意味の結びつきを暗記できる能力（記憶力）

上の四つのうち、最近では②と③をまとめて「言語分析能力」とする研究者もいます[2]。MLATは教室での第二言語学習の成否をある程度予測できるとされてきましたが、コミュニケーション重視の教育で培われる能力を予測できるものであるかは、疑問も持たれています[3]。しかし、最近では、MLATが学習の成否を予測できるかということよりも、どの要素が第二言語習得過程にどう関わっているかを見ることに関心が移ってきています[4]。たとえば、言語分析能力は、学習初期から学習が進んだ段階まで同じように影響を与え、どの段階でも必要な適性であるということ、ただし学習の最初期の段階では、①の音声符号化能力が最も重要だという主張があります。④の記憶能力に関しては、思春期を過ぎてから学習を始めて例外的な成功をおさめた第二言語学習者を調

1　Caroll & Sapon（1959）
2　Skehan（1998）
3　R. Ellis（1994）
4　Skehan（1998）など

べると、多くの場合、記憶能力が非常に優れており、記憶の能力はすべての段階で重要であるけれど、特に学習が進んだ段階でより重要となるということです[5]。

日本国内の日本語学校の学習者を対象とした研究で、このような主張を裏付ける結果が出ています[6]。この研究では、日本語の学習を始めた時点から長期間（15カ月から21カ月）にわたり言語適性と学習成果の関係を調査しました。そして、学習を始めた初期の段階では、無意味語を聞いてそのままリピートできるような能力（音韻的短期記憶）が学習に大きく影響するが、ある程度学習が進むと、音韻的短期記憶の違いは学習成果の違いに影響しなくなるという結果が報告されています。

同じ学習者を対象とした別の研究ではさらに興味深い結果が得られています[7]。学習者の言語適性は、上で述べた四つの要素のすべての側面が高かったり低かったりするわけではなく、「音声に関する能力は低いが言語分析能力は高い」というように、強い点と弱い点を持つ学習者もいます。上記の日本語学習者を対象に、このような適性要素のパターンを分析した結果、（1）言語分析能力が高い学習者は学習が進むのに対して、低い学習者は学習成果を上げることがなかなか難しい、（2）音韻的短期記憶は学習の初期段階で影響をするが、（3）音韻的短期記憶が劣っていても言語分析能力が高ければ、言語分析能力で補うことができる、という結果が得られました。つまり、言語分析能力が言語学習の成否には大きく関わるということを示しています。

また、アラビア語を学ぶ英語母語話者を対象とした研究ですが、学習成果を上げた学習者には、言語分析能力が高いタイプと記憶の能力が高いタイプの学習者の両方がおり、逆に両方の能力が高い学習者はもともと少ないという結果が得られています。この結果から、第二言語学習の成功には、言語分析能力による成功と記憶力による成功という二通りの

---

[5] Skehan（1998）
[6] 向山（2009a）
[7] 向山（2009b）

道があるという指摘もされています[8]。ただし、この研究の対象となった学習者の学習期間が学習を始めて100時間程度ということなので、もっと長い目で見た「成功」にも同様なことが言えるかどうかはわからないと考えたほうがいいかもしれません。

学習の初期の段階では音声を認識したり記憶したりする能力が大きく関わるようだという結果が出ていることは、特に日本国内で日本語を教える教師にとっては重要です。日本国内の多くの日本語教育現場では、様々な母語の学習者がいるクラスでの授業になるため、最初から日本語で、すなわち「直接法」で教えることが多いと思います。典型的な直接法での外国語の教室では、学習者はほとんどの情報を目標言語の音声を処理して学んでいかなければなりません。目標言語でのやり取りを聞き、意味や機能を類推し、さらに教師が与えてくれる説明も目標言語である場合が多いため、音声を認識する能力が低い学生にとっては、大変な困難を伴うことが予想されます。実際、筆者自身も直接法で教えていて、それは身をもって感じています。経験的には、日本語の音にまだ慣れていない入門期のクラスでは、私たちが教師間で言う「耳がいい」学習者が圧倒的に有利だと感じます。音をなかなか拾えない学習者は、最初の段階でとても苦労しているようです。ただ、ある程度学習が進んでくると追いついてきて、最初は大変だったのに途中から「上位群」に入る学生ももちろんいます。一方で、最初の段階での遅れをそのまま引きずって、クラスの中では「下位群」の学生としてとどまってしまうこともしばしばあります。

もちろん、だからと言ってすべて文字情報を与えればいいということではないのですが、入門期のクラスに、このように音声を認識する力が低い学生がいることがわかったら、やはり何らかの助けが必要です。板書を多めにして目からの情報を少し増やしてあげる、授業の内容を家で復習できるように音声教材を与える、など、何らかの工夫が必要でしょ

---

[8] Skehan (1986, 1998)

う。実際、筆者が教えていた日本語教育機関では、初級の最初の時期に音声を聞き取る宿題を作成して、家で聞いてきてもらうようにしていました。筆者の感触としては、そのような宿題がないころより、音声が聴き取れずに学習が遅れる学習者が少なくなったように感じています（ただし、きちんと調べたわけではないので、たまたまかもしれませんが）。

　また、先ほど紹介した、言語分析能力が低い日本語学習者が学習成果を上げられなかったという研究では、実は、文法説明は一切せずに学習者に規則を類推させる教え方を徹底している教育機関で指導を受けています。そのため、その研究でも、言語分析能力が低い学習者には、より明示的な説明を与えるなど、形式と意味の関係や規則に気づくための助けを与えてあげることが必要ではないかと指摘されています[9]。この点については、また1.3節で触れます。

1.2　言語適性とワーキング・メモリーの容量

　また、最近の考えでは、**ワーキング・メモリー（作業記憶）** の容量の違いが言語習得に影響を与えるとして注目されてきています[10]。ワーキング・メモリーとは、どんなものなのでしょうか。

　私たちが脳の中にある記憶のシステムを使うのは、試験の前に勉強して英単語を暗記するような、何かを覚えることそのものを目的とした活動をしているときだけではありません。何かを聞いたり、話したり、読んだり、というときも記憶のシステムを使っています。読むときであれば、読んだことを一時的に記憶しながら読み進めなければ、文や文章の意味はわかりません。たとえば、「山田さんは昨日、佐藤さんと京都へ行った」のような簡単な文で始まる文章を読むときでも、文末の「行った」を読むころに、最初に読んだ「山田さん」や「昨日」を忘れてしまっていては、「あれ？、誰が行ったんだっけ？」「いつ、行ったんだっけ？」となって前に進めません。さらに、この文の意味を記憶の中に保

---

[9] 向山（2009a, b）
[10] Sawyer & Ranta（2001）

持したまま、次の文を読み、次の文の内容を最初に読んだ文の内容と関連づけなければなりません。そのようにして、読んだことを保持し、その後に読んだ内容と関連づけ、さらにそれを保持することを次々と繰り返しながら文章の理解は進んでいきます。

　また、「久しぶりに電車に乗って買い物に出てみると、街中がクリスマスのイルミネーションでとてもきれいだった」という文から、どんなことを読み取るでしょうか。「電車に乗って買い物」という表現からは、夕飯の買い物などではなく、洋服を買いにいくような、いわゆる「ショッピング」と解釈する人が多いと思います。筆者の場合は東京に住んでいるので、銀座や新宿のような街に行ったんだろうと想像します。また、「クリスマスのイルミネーション」という表現からは時期が12月であることがわかったり、道行く人がコートを着て歩いている光景を想像する人もいるでしょう。このように私たちは、読んだり聞いたりしたことを、記憶の中にすでに持っている知識や自分の経験などと照合させながら理解しています。話したり書いたりする場合も同じです。言語を理解したり使ったりするときには、保持したり、記憶の中にある知識を検索したりというように、常に記憶のシステムが使われています。このように、情報を処理しながら必要な情報を一時的に保持する記憶のシステムが、ワーキング・メモリーと呼ばれるものです。

　さて、読んでいるときは今読んだことを覚えていなければならないと書きましたが、外国語を読んでいると、それができずに、数行前に読んだことを忘れてしまって戻って読み直すということが起こらないでしょうか。筆者の場合も、英語を読んでいると、こういったことは非常に頻繁に起こります。これは、自分の母語を処理する場合、単語の意味の認識や文法の処理などかなりの部分が自動的に行なわれるため、使えるワーキング・メモリーがたくさん残っているのに対して、外国語を処理する場合には、文字を認識したり単語の意味を思い出したりという小さいところでたくさんメモリーを使わなければならないため、ワーキング・メモリーにかかる負荷がとても高くなってしまうからなのです。そし

て、個人個人のワーキング・メモリーの容量は決まっていると言われているので、外国語を処理しているのだからメモリーがたくさん必要だといっても、メモリーの容量以上のことはできないのです。これは、話したり、聞いたり、書いたりというときも同じです。

　ワーキング・メモリーの容量には個人差があり、最近では、この容量が第二言語の学習成果に大きく関わるのではないかと言われています[11]。いくつかの研究では、ワーキング・メモリーの容量を測るテストと第二言語の能力の間に関係があるという結果が出ています[12]。確かに、これまで何度も述べているように、第二言語習得の過程では、インプットの意味を処理する中で形式に気づいたり、自分の中間言語と目標言語とのギャップに気づいたり、そのようなことが必要だと考えると、これらの気づきも、ワーキング・メモリーを容量いっぱいまで使っている状態では起こりにくいと考えられます。リキャストに気づきやすいかどうかにも、ワーキング・メモリーの容量が影響すると指摘している研究者もいます[13]。ワーキング・メモリーがどの程度言語適性と関わるのかはまだまだ研究途上ではありますが、かなり大きく言語学習に関わる要因であることは今の段階でも言えそうです。

1.3　言語適性とどうつきあっていけばいいのか

　では、これらの言語適性はトレーニングなどをすれば変えられるのでしょうか。残念なことに、今のところ、言語適性は変えられないものであると考える研究者が多く[14]、子どものころの母語での言語能力が高いほどその後の第二言語学習も進むという研究結果も出ています[15]。

　適性が変えられないとすると、私たち教師や学習者自身は、どうした

11　Robinson（2000）, Sawyer & Ranta（2001）
12　Harrington & Sawyer（1992）, Miyake & Friedman（1998）など
13　Mackey, Philp, Egi, Fujii & Tatsumi（2002）
14　Skehan（1998）
15　Sparks, Patton, Ganschow & Humbach（2009）

らいいのでしょうか。まず大切なことは、(1) 適性は高いか低いかではなく連続的なものであるということ、(2) 適性は一枚岩ではなく様々な側面がある、ということです。

　まず(1)についてですが、学習者は自分に適性がないと思うと、努力をあきらめてしまう可能性があるので、適性という考え方をどう捉えるかには十分注意が必要です。特にここでおさえておくべきことは、「適性は学習の進み方が早いか遅いかに影響するだけだ」ということです。日本では外国語を使えることが特別なことのように見られますが、実際には日本のようなモノリンガル国家は例外で、世界ではバイリンガル（二言語使用）、マルチリンガル（複数言語使用）が当たり前の国も多いのです。適性があまり高くない人でも、条件さえ整えば、第二言語習得は可能だということです。

　次に、(2)については、前述のように学習者の適性は必ずしもすべての適性が高かったり低かったりするわけではなく、多くの学習者は弱い点や強い点を持つということです。ですから、最近では、教育学の分野で言われている**「適性処遇交互作用」**ということが、第二言語教育の分野でも言われるようになっています。音声認識に関する力が低い学生の場合、学習初期の段階でどんどん後れをとっていってしまわないよう、何らかの手当てをする必要があるだろうと述べたように、学習者の適性に合わせた教育方法が必要だということです。

　カナダで行なわれた実験の話ですが、やや単純化して言うと、学習者を記憶力のいい学習者と言語分析能力に優れた学習者に分けて、さらにそれぞれの学習者を、その適性に合った教え方で教わるグループと合わない教え方で教わるグループに分けて授業を受けさせました。その結果、適性に合った教え方で教わったほうが学習が進み、さらに満足度も高いことがわかりました[16]。前の節で紹介した、「学習成果を上げた学習者には、言語分析能力が高いタイプと、記憶の能力が高いタイプの学

---

[16] Wesche (1981)

習者がいる」という研究結果とも一緒に考えると、分析的に学習するのでも用例などの記憶を中心に学習するのでも、学習者の適性に合う方法で学ぶことが成果を上げることにつながると考えられるでしょう。

　また、第7章（2.1）では、文法ルールを明示的に示す方法のほうが学習者の言語適性の影響が少なくなるという研究があること[17]、クラスの上位グループの学習者では暗示的に教えても明示的に教えても効果はほとんど変わらないが、下位グループの学習者は明示的に教えたほうが効果が出たという研究もあることを述べました[18]。ここから言えることは、誰にでも暗示的な指導のほうがいいとか、明示的な指導のほうがいいということではなく、言語分析能力が高くない学習者に対しては、ある程度明示的に指導をしたほうがいい可能性があるということです。

　もちろん、これも難しい問題で、プライベート・レッスンで教えるような場合、学習者の言語適性に合わせた教え方を選んでいくということができるのですが、クラス授業の場合はそうはいきません。クラス全員の言語適性に合わせた授業というのは、ほとんど不可能でしょう。そう考えると、理想的・理論的には各学習者の言語適性に合わせた教育をするのがベストなのだけれど、物理的にはそれは難しいということになります。実は、私たち外国語教師の仕事は、こんなことだらけで、理想的にはこうしたほうがいいのだけれど、そのほかのいろいろな制約からそれは無理だということが山のようにあります。ですから、その中で、どう折り合いをつけていくかというのが大事なところです。

　それぞれの言語適性にどう対応していくかは、今のところ「こうすればいい」とはっきりと提案できる段階ではありませんが、どんな学習者に対しても「言語は音から学ぶことが大切」「文法説明はしないほうがいい」と考え同じように対応していくことは、言語適性の違いを切り捨てているようなものだということは頭に入れておく必要があります。授業内での対応が難しければ、授業後に個別に対応したり、補充教材を用

---

[17]　Erlam (2005)
[18]　向山 (2006)

意したり、また、今の時代であれば、それぞれの適性に合わせてコンピューターなどを使った学習ができるようにするという方法がかなり現実的な解決策かもしれません。適性に対応していく工夫を考えていくことがこれからの教育現場では重要なことだと言えるでしょう。

　なお、「言語適性に合わせて」というのは、適性テストなどで適性を調べなければいけないということではありません。「はじめまして」と聞いてすぐに同じように繰り返せる学習者もいるし、何度聞いても同じように繰り返せず「はじま？」のようになってしまう学習者がいることを、私たち教師は経験的に知っていますし、文法項目や表現などの意味の類推が早い学習者も遅い学習者もいることは、少人数のクラスなら授業をしていればわかります。言語適性研究によりわかってきたことは、このような私たちが経験していることがなぜ起こるのか、それが学習者の習得過程にどう影響するのかということです。ですから、私たち教師は、教師としての直感や経験をフルに使って「音に弱い学習者」や「言語分析の遅れる学習者」を見極め、そこに合わせて何らかの対応をしていけばいいのです。第二言語習得の研究から得られる知見は、教師の直感や経験を否定するものではなく、私たちが経験を積み重ねていくための「助け」となるものなのです。

２．女性のほうが言語学習に向いているのか

　ここで、少し男女差のことを考えてみましょう。おそらく読者の方もどこかで「女性のほうが語学に向いている」「女性のほうが語学が得意だ」ということを聞いたことがあるのではないかと思います。実際にはどうなのでしょうか。

　第二言語学習の成果に性差が関係するかに関しては、それほど多くはありませんが研究が行なわれてきました。ただ、結果は分かれています。たとえば、女性のほうが男性より聴解力のテストで成績が高いという結果になった研究や[19]、記憶している語彙の量で女性のほうが勝っていたという研究[20]などがありますが、一方で、男性のほうが語彙の聞き

取りで優れていたという研究結果もあります[21]。また、男性と女性の間に差はなかったという研究もあります[22]。

　このように、成果に関してははっきりしたことは言えず、特に違いはないのかもしれませんし、多少女性のほうが語学に向いているのかもしれませんし、それぞれの得意・不得意な領域があるのかもしれません。また、学習の仕方について違いがあることを示す研究結果も出ています。次の章で詳しく述べますが、学習者がどのような学習の仕方を選ぶかという「学習ストラテジー」に関しては、女性のほうが様々な学習ストラテジーを使い、選ばれるストラテジーには男女の間に違いが見られるという結果が得られています[23]。また、女性のほうが外国語学習への動機づけが高いという結果（カナダでのフランス語学習者）も出ています[24]。女性と男性の間には、外国語の学習の仕方やその過程での心理面などにある程度違いがあり、それが成果にも影響を与えるのかもしれません。

　実は、第二言語の学習ではなく、母語習得や母語での言語能力に関しては、もっと多くの研究がされていて、女性のほうが優れているという結果もかなり出ていますが、差がないとする研究結果もあります。行なわれた多くの研究の結果をまとめた結論としても、「女性のほうが言語能力に優れている」と結論づけている研究者もいれば[25]、「男女による違いはない」と結論づけている研究者もいます[26]。ただ、違いがないと結論づけている研究者も、子どもの母語習得の最初の段階では女の子のほうが発達が早いということは認めています（「違いがない」とする研

19　Farhady (1982)
20　Gu (2002), Nyikos (1990)
21　Bacon (1992)
22　Boyle (1987)
23　Ehrman & Oxford (1989) ほか
24　Gardner & Lumbert (1972)
25　Baron-Cohen (2003)
26　Hyde & Linn (1988), Wallentin (2009)

究者によれば、この違いは6歳ぐらいまでには消えてしまうとされていますが)[27]。

このように、はっきりわかってはいないながらも、何かしらの違いはありそうなのですが、もう一つの問題は、違いがあるとすれば、その違いを引き起こす原因は何かということです。つまり、生まれつきの男女差によるのか、あるいは、その後の環境によるのかということですが、こちらのほうも、様々な研究があります。

環境によるということに関しては、親から子どもへの話しかけ方が、男の子と女の子に対してでは異なることが指摘されています。たとえば、父親も母親も、女の子と話すときのほうが男の子と話すときよりも、長く複雑な会話をし、また、女の子に対してのほうが、親は語りかけに対する返答を促すという研究結果があります[28]。ただ、この研究の著者自身が、「この結果はアメリカの白人中流家庭で得られた結果なので、異なる文化を持つ親子での調査が必要」と述べているように、異なる文化圏では異なる結果になる可能性もあります。しかし、いずれにせよ、男の子と女の子それぞれが触れる言語環境は、その社会や文化で男女それぞれに期待される役割に影響を受けたものであり、それが性差を作っていく可能性があるということです[29]。

一方で、このような「環境」に触れる前からすでに男女差があるという指摘もあります。たとえば、生まれた翌日の赤ちゃんに、人の顔とモビール（人の顔と同じ大きさ、同じ色のもの）を見せると、女の子は人の顔のほうを長く見つめ、男の子はモビールのほうを長く見つめるという実験結果が得られています[30]。生まれた翌日から、女の子は人に興味を示し、男の子は物に興味を示すという違いがあるということを示しており、これは育て方や環境では説明がつきません。おそらく、もともと

27　Wallentin (2009)
28　Reese & Fivush (1993)
29　Nyikos (2008)
30　Connellan, Baron-Cohen, Wheelwright, Ba'tki & Ahluwalia (2000)

の男女差もあるし、また、生まれたあとの育てられ方や環境の影響もあるということなのでしょう[31]。

また、もう一つ注意しておかなければならないのは、もし差があったとしても、それは全体的な傾向性にすぎず、男性でも当然語学の適性や動機づけのきわめて高い人もいくらでもいるということです。上に述べた赤ちゃんの性差の研究でも、男の子は２：１でモビールを、女の子は２：１の割合で顔を長く見た子がいたというだけで、男の子でも顔を好んだ子もずいぶんいるわけです。ですから、男女差の研究を鵜呑みにして、男女のステレオタイプを作るようなことは避ける必要があるのは言うまでもありません。

３．学習スタイルの違い
３．１　学習スタイルは外国語学習に影響するか

言語習得に特化した適性とはまた別に、人間が何かを認識したり情報を処理したり考えたりするときのスタイルにも、個人差があります。普段の生活の中でも、たとえば、どこかへ行く方法を覚えるのに方角で覚える人や、目印で覚える人などがいます。また、新しい電気製品を買ったときなどは、まずはマニュアルを読んでそのとおりにやってみる人もいるし、マニュアルを見るよりとりあえず自力でやってみる人もいます。このような、人間が情報を処理したり覚えたり考えたりするときのスタイルを**認知スタイル**と言います。認知スタイルについては、特に学習に関して述べるときには**学習スタイル**という用語もよく使われます。認知スタイルと学習スタイルという用語は、厳密には区別する必要があるのですが、ここでは同義と考えて話を進めます。では、学習者の学習スタイルは外国語学習にどう影響するのでしょうか。

学習スタイルの違いと言っても、様々な観点からの違いがありますが、第二言語習得研究の分野で最も注目されてきたのは、「**場独立**」

---

[31] Nyikos（2008）

(field independence) と「**場依存**」(field dependence) というスタイルの違いです。場独立というのは、細部を全体や背景から切り離して把握する傾向の認知スタイルで、場依存というのは細部よりも全体を見る傾向の認知スタイルのことです。場独立性の高い人は、分析的思考に優れているとされ、場依存性の高い人は社会的スキルに優れていると言われています。

　場独立か場依存かを調べるには、隠し絵のようなテストが使われています。大きな図（複雑な図形が描いてあるもの）の中に埋め込まれた単純な図形を見つけ出すテストで、短い時間にたくさん見つけられた人が場独立のスタイルを持つとされています。第二言語習得に関しては、場独立性の強い学習者は教室での学習で有利で、場依存性の強い学習者は自然な学習で有利だという仮説が立てられ[32]、場独立性と第二言語学習の成績の関係を見る研究が多く行なわれました。その結果、場独立性が高い学習者は文法の力を測るテストで成績が高いという結果が出た研究がかなりあり、また、場依存性のほうはコミュニケーション能力と関係があるという結果も出ています[33]。ただ、場独立性が第二言語能力に影響するという結果が得られなかった研究もあるため、はっきりとしたことは言えません。

　さらに、細部を見るか全体を見るかというのは、どちらがいいとか悪いとかいうことではないはずなのに、「図形を見つけ出すことができないこと」イコール「場依存性が高い」という測定の仕方にも、疑問が持たれています[34]。図形を見つけ出すようなテストで測っているのは、実はスタイルではなく能力であるとか、適性であるという批判もされています[35]。細部を見るか全体を見るかといった傾向に関しては、かなり多くの研究が行なわれ、今でも学習スタイルの代表として挙げられること

---

[32] H. D. Brown (1980)
[33] Johnson, Prior & Artuso (2000) など
[34] Dörnyei & Skehan (2003)
[35] R. Ellis (1994, 2008), Dörnyei & Skehan (2003) など

が多いのですが、学習スタイルとして適確に診断する方法も確立されておらず、また外国語学習に関係があるかどうかもはっきりしていないといったところでしょう。

そのほかに、学習スタイルとしては、じっくり考えて判断するかどうか（熟慮型・衝動型）、音声による学習を好むか文字など視覚による学習を好むか（音声型・視覚型）などいろいろ研究されていますが、どれも外国語学習の成果と関係があるかどうかは、はっきりした結果は出ていません。ただ、だからと言って、教師が学習スタイルについて知らなくていいということにはなりません。実は、最近の学習スタイル研究は、どのスタイルが外国語学習に向いているかという観点からではなく、異なる観点から行なわれるようになってきています。そこで言われ始めていることは、私たち教師にとっても非常に大切なことなので、次の節ではそれを見てみましょう。

3．2　学習スタイルに合った教育方法の必要性

ここまで書いてきたように、個々の学習スタイルが言語習得の成否とどう関係があるかについては、よくわかっていないというのが現状ですが、ただ、わかっているのは、外国語学習をする際の学習への臨み方は、本当に個人個人で異なっているということです。私たちが教室で何かを教えようとしているとき、そのクラスに10人の学生がいれば、10人がそれぞれの異なった認知の仕方、分析の仕方、整理の仕方などをしているということは、私たちは常に頭に入れておく必要があります。

第二言語習得研究の分野での関心が、どんな学習スタイルが言語学習に有利かというアプローチに集まっていた一方で、教育学などの分野では、教育方法が学習スタイルに合っているかどうかが教育効果に影響するかという研究が盛んに行なわれてきました。そして、多くの研究で、各自の学習スタイルに合った教育方法によって教育の効果が上がることが示されています[36]。言語適性のところ（1．3）でも「**適性処遇交互作用**」ということを述べましたが、学習スタイルについても同様だと言

えます。ただし、各自のスタイルに合わない教育方法で学ばせることも、自分の学習スタイルによる限界を克服させるという観点から考えれば効果もあるとも言われており[37]、自分に合った学習スタイルだけで学べばいいということでもないのです。

　第二言語習得の分野でも、最近では、学習スタイルの研究に本当に必要なのは、今までの研究のようにどんな学習スタイルが外国語学習に有利かということを追究するより、異なる学習スタイルにどう対応するかという、学習スタイルと教育の関係を研究することだと考えられるようになってきました[38]。「教育方法と学習スタイルが合わないことが、多くの外国語学習困難を引き起こす原因となる」ということも言われています[39]。

　たとえば、前節で触れた「音声型」「視覚型」のスタイル（現場ではよく「耳型」「目型」とも呼ばれています）に関しては、どちらのスタイルのほうが外国語学習の成果が上がるかに関してはっきりとした研究結果は出ていませんが、日本国内の日本語教育現場で主流である直説法のクラスが視覚型の学生より音声型の学生のスタイルに合っていることは確かです。ですから視覚型の学習者にも学びやすいように、目からの情報も与えてあげることが必要だと言えます。ただ、だからと言って、外国語学習の場合は視覚型学習スタイルに合わせてしまっては、耳からのインプットを拾える学習者になれないので、それだけで解決できるということではありません。しかし、そうは言っても、入門の最初の段階から全く自分のスタイルと異なる学習スタイルで学べというのも酷な話です。そのように考えると、ある程度の助けを出しながら、徐々に耳からの学習に慣れていってもらうことが大切だと言えるでしょう。

　難しいのは学習スタイルと言語適性の見極めです。音声中心の言語教

---

[36] Hayes & Allinson（1996）など
[37] Sadler-Smith & Riding（1999）
[38] Dörnyei & Skehan（2003）
[39] Ehrman（1996）

育を受けてこなかったなどの、それまでの学習経験から、耳からの学習に慣れていないだけの学習者もいるでしょうし、もともと語学以外も含めたすべての学習において視覚型の学習スタイルを好む学習者もいるでしょう。学習スタイルの問題ではなく言語適性としての音の認識能力が低い学習者もいるでしょう。つまり、慣れていないだけなのか、もとから持っている学習スタイルなのか、言語適性なのかということです。初めは同じように「視覚型学習者」に見えるかもしれませんし、短い時間で見分けるのは難しいということはありますが、学習者をよく観察し、適性としての音声の認識能力が低い場合には、単に視覚型という場合以上に根気よく手助けをしていくことも必要でしょう。

　ただ、一人ひとりの学習スタイルに合った教育をすることが必要だと言っても、これも言語適性のところで書いたように、教室で全員の学習スタイルに合った教え方をするというのはほとんど不可能です。ですから、今のところは、特定の学習スタイルに合った方法だけで教えていくのではなく、様々なスタイルの学習者が対応できるようなバランスのとれた教え方にするというのが、実現可能で妥当な方法と言うところなのでしょう[40]。

　また、個々の学習者に自分の学習スタイルに合った学習方法をとるように促し、さらに必要に応じて新しい学習スタイルを身につけさせることも必要です。この点について、さらに考えてみましょう。

3.3　学習スタイルを知ることの重要性

　最近では学習者の学習スタイルを知ることが、教師にとっても学習者にとっても重要だということが言われています。教師にとってはもちろん、学習者の学習スタイルを考えた教え方にしていくためには必要なことです。また、学習者も自分自身の学習スタイルを知ることにより、教師と学習者が学習スタイルについてディスカッションをしながら、より

---

[40] Oxford & Lavine (1992), Dörnyei (2005)

効果的な学習方法を一緒に考えていくことが可能になるという提案もされています[41]。

　さらに、自分が好むスタイル以外の学習方法でも学習者が徐々に学べるように手助けをする、つまり学習者が学習スタイルを広げていく手助けをすることの必要性も言われています[42]。先ほどの視覚型の学習者の場合、初めは助けを出しながら徐々に耳からの学習に慣れていくように助けていくことで、学習スタイルを広げられるでしょう。分析的な学習者であれば、分析しすぎずにチャンク（かたまり表現）としてそのまま覚えるようなスタイルも時には使えるように手助けをしていくといいでしょう。

　このことに関しては、言語転移の章で紹介したイタリア人学習者のコメントを思い出してください。ゼロから日本語を始めるクラスにいたこの学習者が、「自分は分析的に学習するタイプだけれど、授業初日に日本語は直訳など全くできない言語だとわかったので、細かく分析したり直訳したりしないで学ぶようにした」と言っていたという話です。この学習者は自分の学習スタイルをある程度把握していて、積極的にスタイルを変えることによって、母語との距離の遠い言語である日本語の学習をうまく進めることができました。この学習者は、さらに興味深いコメントをしています。この学習者と同じクラスに、非常にコミュニケーション能力に長けたイランの学習者がいて、クラスで学ぶときも、それぞれの項目について文法的なことよりも「いつ使うのか」「何を伝えるために使うのか」という観点から常に質問をしてくるような学生でした。会話練習などでも、イントネーションやあいづちや間の取り方などが非常に自然で、クラスメートの賞賛を集めていました。イタリア人学習者はそのイラン人学習者について、「自分は分析的に学ぶので、コミュニケーションの力がなかなかつかないけれど、彼はとてもコミュニケーションが上手で、教室の外でも本当に流暢にコミュニケーションをしてい

41　Oxford & Anderson（1995）
42　Ehrman（1996）

る。僕と彼が一人の人間だったら、ものすごく日本語が上手になると思う」と言っていました。この学習者は、クラスで学ぶ中で、クラスメートと自分のスタイルの違いに気づき、またどちらのスタイルも言語学習に必要であり、どちらもあれば理想的であることに気がついたのでしょう。このように、自分以外の学習者との学習スタイルの違いに学習者自身が気づき、自分の学習スタイルと異なる学習スタイルのいい点に気づくことができたというのは、クラスでの学習が非常にいい方向に働いた一つの例だと言えます。

　最近では学習スタイルを知るための調査がいくつも作られていて、インターネットでもダウンロードできるなど手に入れやすくなっており、このような調査の利用が推奨されています[43]。それらは、「私は長い説明よりも、短く簡単な答えのほうを好む」といった傾向に当てはまるかどうかという質問に答えていきながら、「分析的か包括的か」「内省的に学習するタイプか、他人や外の世界と関わりながら学ぶタイプか」などの様々な点について、どんな傾向が強いかを調べることができます。そのうちの一つである Learning Style Survey[44] には、「ここに出ている傾向性はどちらがいいとか悪いとかいうものではない」ことや、学習者へのアドバイスとして、「自分の学ぶときの傾向を知ったうえで自分が傾向的に使わないスタイルを使ってみることも必要」というようなことが書かれています。たとえば、「細かいことに注目する傾向があるとしたら、そのために全体的な大きな傾向を見落としてしまうことがあるかもしれないので、意識的に全体を広い眼で見るトレーニングをするといい」といったことです。今のところ、英語を読める学習者が対象でないと利用しにくい状況ではありますが、学習者と一緒にこのような学習スタイル調査を利用していくというのも今後期待の持てる方法だと言われています。

43　詳しくは Dörnyei（2005）を参照
44　Cohen, Oxford & Chi（2002）

3.4　教師も自分の学習スタイルを知っておこう

　さらに、教師が自分自身の学習スタイルを知っておくことも重要だと言われています。外国語教育に関しても、それ以外の教育に関しても、教師は自分が最もよく学べる方法で教える傾向があるということが指摘されています[45]。つまり私たちは、自分が学習するときだけではなく、人に教えるときでも、自分自身の学習スタイルに合った方法を選びやすいということです。筆者はこのことを初めて読んだとき、「言われてみれば…」と思いました。確かに私たちは、自分にとっていい学習方法や、自分にとってわかりやすい方法は、ほかの人にとってもいい方法であるはずだと考えがちです。しかし、ここまで述べてきたように、クラスには様々な学習スタイルの学生がいて、教師自身が自分の学習スタイルを基に有益だと考える方法が、すべての学習者にとっていい方法であるとは限りません。

　このように教師の学習スタイルと学習者の学習スタイルが異なることが、結果的にその教師の選ぶ教育方法と学習者の学習スタイルが合わないことにつながり、それが学習者の心理的な不安や不満、動機づけの低下などに結びつき、また学習を阻害してしまうこともあります。このような現象を"Style Wars"（スタイル戦争）と呼ぶ研究者もいます[46]。

　このようなことから、自分の学習スタイルを知り、また自分の学習スタイルと自分が教える学習者の学習スタイルがいかに異なっているかを知ることが、教師にとってはとても重要なことであると言われています[47]。

　そのためにも、前述の学習スタイル調査を教師自身が自分でやってみることが役に立つでしょう。実際、筆者も職場の同僚と一緒に学習スタイル調査をやって比べてみたことがありますが、教師の間でも学習スタイルは一人ひとりかなり違っていることがわかり、結構盛り上がりまし

---

[45]　Oxford & Lavine (1992), Kinsella (1995)
[46]　Oxford & Lavine (1992), Oxford (1999)
[47]　Oxford & Anderson (1995)

た。このような学習スタイル調査を題材にして、教師同士でそれぞれの認知の仕方や情報の処理の仕方の違いなど、ざっくばらんに話し合ってみるのもいいでしょう。

　繰り返しになりますが、学習スタイルに関してはよくわかっていないことが多く、まだまだこれから研究が必要な分野です。1994年に第二言語習得研究のバイブルのような概説書を書いたロッド・エリスは、その本の学習スタイルの節のまとめとして、「学習スタイルの研究から言えることは今のところ少ない。学習者が第二言語を学ぶためのアプローチの仕方は間違いなく一人ひとり大きく異なっているが、どのスタイルが効果的かは言えない。おそらく、フレキシブルに学べる学習者が最も成功するのだろうが、そのように結論づけられる証拠は今のところ得られていない。」として、今後のさらなる研究が必要だと結んでいます[48]。その後、個人差研究の専門家であるゾルタン・ドルネイも、2005年に出した本の学習スタイルの章で、「現在自分が考えている結論は10年以上前にエリスが書いた結論と全く同じである」として、上に書いたエリスの言葉をそのまま引用して章を終わらせています[49]。さらに、2008年になってエリスは、1994年の概説書の改訂版を出したのですが、その学習スタイルの節でも「私が1994年に書いた結論を、ドルネイが2005年にそのまま引用し結論としているが、今の私の立場も変わらない」と述べて、1994年の自身の結論を引用しています[50]。第二言語習得研究の分野では、この20年ほどの間にかなりいろいろなことがわかってきているのですが、学習スタイルに関しては、残念ながらあまり研究が進んでいないと言ったほうがよさそうです。

　ただ、一つ確かなことは、自分の前にいる学習者一人ひとりが、異なるアプローチの仕方で自分の授業に臨んでいること、どのスタイルがいいとか悪いということではないこと、自分が良かれと思っているやり方

---

[48] R. Ellis（1994）
[49] Dörnyei（2005）
[50] R.Ellis（2008）

でも、ある学習者には合わないこともあることなどを、教師は知っておかなければならないということです。少し前までは、「媒介語は使ったほうがいいか」「暗示的に教えるか、明示的に教えるか」「文法説明は必要か」など様々なことに関して、一つの答えがあるかのように考えられていたと思います。しかし、今では、学習者には個人差があり、みんなが同じように学ぶわけではないことがわかっています。最近では「**学習者中心**」という言葉がよく使われますが、学習者の発話を多くし、学習者同士の活動を増やしたり、学習者が主体的に取り組めるゲームやタスクを取り入れたりしても、それだけで本当に「学習者中心」と言えるわけではありません。もともと「学習者中心」という定義には、学習者の個人差や学習スタイルなども考慮して効果的な教育を行なうということも含まれているのです[51]。「学習者中心」と言うと教師の役割は小さいように感じられるかもしれませんが、本当の「学習者中心」の授業を目指すために教師に求められていることは、とても大きな役割なのです。

[この章のまとめ]
1. 第二言語習得に関わる言語適性は大きく分けて、①音韻符号化能力、②言語分析能力、③記憶力の三つが関わると考えられている。学習を始めたばかりの最初の段階では、特に①音韻符号化能力が大きく関わるという研究結果も出ている。
2. ワーキング・メモリー（作業記憶）の容量の違いが言語習得に影響を与えるとして注目されてきている。
3. 学習者の適性に合わせた教育方法が必要である。
4. どのような学習スタイルが第二言語学習に有利かといった、学習スタイルと第二言語学習の成果の関係は、はっきりした結果は出ていない。しかし、各自の学習スタイルに合った教育方法によって教育の効果が上がることがわかってきている。

51　Nunan（1999）

5．特定の学習スタイルに合った方法だけで教えていくのではなく、様々なスタイルの学習者が対応できるようなバランスのとれた教え方にする必要がある。
6．また、学習者が学習スタイルを広げていくための手助けをすることも必要である。

[練習問題]
1．初級者のクラスに音声認識能力が低いと思われる学習者がいるときに、どんな助けをしたらいいか考えてみましょう。
2．①自分の学習スタイルを考えてみましょう。また、周りの人と話し合って、それぞれの学習スタイルを比べてみましょう。
（1）「分析的な学習者」か「記憶中心の学習者」か
（2）「視覚型学習者」か「聴覚型学習者」か
②インターネットで Learning Style Survey[52]をダウンロードして自分の学習スタイルを調べてみましょう（URL は引用文献リストに載せてあります）。
3．「学習スタイルによってクラスを作って、同じ学習スタイルの人だけで学べるようにすればいい」という考えに賛成か反対か、またその理由を考えてください。

---

[52] Cohen, Oxford & Chi（2002）

第10章

言語習得に及ぼす個人差の影響（2）

　9章では、言語適性、学習スタイルという、個人要因のなかの「認知的要因」と呼ばれているものについて述べました。10章では、学習者の動機づけと、性格などの学習者タイプについて考えます。第二言語習得では「情意的要因」と呼ばれているものです。動機づけの高さは外国語学習の成否にどう影響するのでしょうか。また、外交的でよく話す人は語学の上達も早いのでしょうか。そのような個人個人の性格などの影響を考えてみましょう。

1．動機づけと第二言語習得
1.1　外国語学習に関わる動機づけの種類

　一般的にどんなことでも、やる気がある人のほうがやる気がない人より成功するだろうという考えに反対する人はあまりいないと思います。外国語学習も同様に、「**動機づけ（motivation）**」の影響はかなり大きいと考えられています。では、外国語学習ではどのような動機づけがどう関わっていくのでしょうか。

　これまでの多くの研究では、外国語学習に関わる動機づけを大きく二つのタイプに分けていました。一つは「**統合的動機づけ**」で、その言語を話す人々や文化を理解したい、その文化や社会に参加したいといった動機づけです。もう一つは「**道具的動機づけ**」で、試験に受かりたい、いい仕事につきたいとか、その言葉が上達すると社会的な地位が向上するから、といった動機づけです。1990年代ごろまでの動機づけ研究は、この二つのタイプの動機づけが言語習得にどう関わるかということが中

心でした。

　カナダのフランス語学習者を対象に行なわれた研究では、統合的動機づけの高さがフランス語学習の成果に影響し、道具的動機づけはあまり重要ではないという結果が出ています[1]。しかし、フィリピンでの英語学習者を対象とした研究では、道具的動機づけが強い学習者のほうが高い言語レベルに到達できるという結果になり[2]、インドでの英語学習者を対象とした研究でも同様の結果になっています[3]。結果は一貫したものにはなっていないのですが、長期的に見れば統合的動機づけのほうが重要であるという主張もされてきました。

　なぜ一貫した結果が出ていないかについては、その言語を学ぶ状況などの違いにより、統合的動機づけがあるほうが成功しやすい場合もあるし、道具的動機づけがあるほうが成功しやすい場合もあると言われています。一人の学習者が、道具的あるいは統合的動機づけのどちらか一方だけで動機づけられているということのほうがまれなことで、たいていの場合、両方の動機づけを合わせ持っていることも指摘されています[4]。

　また、動機づけの高さと学習成果の関係を調べる研究で注意が必要なのは、学習者の動機づけの高さと成績の間に相関関係があり、動機づけの高い学生ほど成績がいいという結果が得られたとしても、それだけでは、「動機づけが高ければ上達する」という結論は出せないということです。互いに関係があると言うだけでは、どちらが原因でどちらが結果かという因果関係はわかりません。つまり、動機づけの高い学生が成績がよくなったのか、あるいは、上達が見られた学生が、上達したために学習がおもしろくなって動機づけが高くなったのか、両方の可能性が考えられるわけです。動機づけ研究では、この点も問題になりました。いわゆる「卵が先か、鶏が先か」という議論です[5]。

　1　Gardner（1985）
　2　Gardner & Lambert（1972）
　3　Lukmani（1972）
　4　H. D. Brown（1980）

この点に関しては、強い動機づけがあれば良い結果につながり、その良い結果によって、動機づけが維持されたり、さらに高まったりし、逆に動機づけが低ければ悪い結果を生み、結果が悪いことでさらに動機が失われていくというように、動機づけと結果は相互に影響し合うということだろうと現在では考えられています[6]。

1.2　学習者の動機づけを高める

　1990年代に入ると、「統合的動機づけ」か「道具的動機づけ」かを見ていた研究の時代の動機づけ研究が、社会的・文化的側面に視点を向けすぎていると指摘され、動機づけにはもっといろいろな側面があるということが言われるようになりました[7]。つまり、「試験に受かりたい」、「いい仕事につきたい」とか、「その国の人と仲良くなりたい」というようなことだけでなく、動機づけには、日々の教室活動への興味や学習の成果についての満足感など、様々なものが関わっているということです。

　特に、教室学習者の場合、教室学習場面での様々な動機づけは重要です。その授業が個人のニーズに関連したものであるか、興味の持てる教材か、教室活動は退屈なものではないか、教師の教え方や人柄が自分に合うかなどが、学習者の動機づけに大きく影響します[8]。

　さらに、第二言語学習のように時間のかかる学習活動の中では、動機づけは常に一定ではありません。学習開始時は動機づけが高かった学習者が、学習が進んだ段階でやる気を失っていくこともありますし、コース半ばあたりから急に動機づけが上がる学習者もいます。また、その日その日の活動や授業の種類によって、動機づけが高かったり低かったりすることもあるでしょう。動機づけはこのように常に変動するものであ

---

[5]　Hermann（1980）
[6]　Ellis（1994, 2008）
[7]　Crookes & Schmidt（1991）, Dörnyei（2001）
[8]　Dörnyei（2001）

り、動機づけをプロセスで考える必要があることが最近では言われています[9]。何かを「やろう」と思う段階（preactional stage）では動機づけが生み出されなければなりませんし、それを始めたら動機づけが維持されなければなりません（actional stage）。そして自分の学習を振り返る段階（postactional stage）で、良い結果が得られたり、自分の学習に満足感や達成感が得られたり、勇気づけられるフィードバックが得られたりすれば、動機づけは高められるでしょう。動機づけが生み出される段階と、維持される段階、高められる段階では、動機づけに影響するものも異なってきます。そして、教師にとっては、そのそれぞれの過程でどのように学習者を動機づけるか、動機づけを維持していくか、高めていくかということが重要な課題になります[10]。

　このように考えると、動機づけというのは、かつての「統合的」「道具的」といった大きな目標のような動機づけとは別に、日々の教室活動そのものが大きく関わってくることがわかります。練習が単調でないか、学習者にとって興味の持てるトピックであるか、タスクは簡単すぎないか、また難しすぎないか、このようなことの一つひとつが学習者の動機づけに関わってきます。

　また、動機づけの分類に関しては、教育心理学などの分野では「**内発的動機づけ**」と「**外発的動機づけ**」という分類の仕方があります。内発的動機づけというのは、知りたいから勉強するとか、おもしろいから、楽しいからといった、自分自身の内面から出てくる動機づけです。外発的動機づけは、自分ではなく外から来る動機づけで、報酬がもらえるからとか、どうしてもやらなければならないからといったものです。教師は、学習者が教室内の活動に興味を持って取り組めるようにし、内発的動機づけを高めていく必要があると言われています[11]。

---

[9]　Dörnyei (2000)

[10]　Dörnyei (2000)。なお、Dörnyei (2001／日本語訳2005) には、動機づけを高める具体的方法が多数紹介されています。

[11]　R. Ellis (2008)

前のページで述べたように、動機づけには、授業が自分のニーズに合っているか、先生の教え方が自分にあっているかなども影響すると考えられています。適性や学習スタイルに授業が合わなければ、学習者の動機づけは下がってしまうでしょう。学習スタイルに合った教え方のほうが効果が出るという様々な研究の結果には、学習スタイルが合わないと動機づけが下がってしまうことも大きく関わっているかもしれません。いずれにしても、前述のような学習者の適性や学習スタイルに配慮するということは、動機づけという観点から考えても、大切なことです。

実は、ここまで述べてきた学習者の個人差の中で、「動機づけ」には他のものとは大きく違う点が一つあります。それは、動機づけは私たち教師が変えることができるということです。言語適性は変えられないと言われていますし、学習スタイルもその学習者の認知の仕方、物事の把握の仕方と関わっているため、そう簡単に大きく変えられるものではありません。もちろん、学習者の年齢を変えることもできません。それに対して、動機づけは教師が高めることも可能ですし、反対にせっかく高かった動機づけを下げてしまうことも起こりえます。動機づけは、学習者の個人差の中で数少ない「教師が変えられるもの」なのです。私たちは、学習者の動機づけを高める授業ということに、もっと目を向けていくことが求められていると言えるでしょう。たとえば、読解教材ひとつをとっても、私たち教師が学習者に「読ませたい」と思うようなものを選ぶより、学習者が興味を持つかという観点を重視することが重要なのです。

2．学習者の性格は第二言語学習に影響するか

次に、性格の影響について考えてみます。どんな性格の学習者が外国語学習に有利なのでしょうか。性格は学習成果に影響するのでしょうか。学習者の性格に関して一般的によく言われるのが、話し好きな人や社交的な人は外国語の上達が早いだろうということです。実際、このような外向的な性格と、物静かで一人で読書をすることなどを好むような

内向的な性格の違いが、言語の習得に関わるかという研究は多く行なわれてきました。

いくつかの研究では、外向的な学習者のほうが内向的な学習者よりも、コミュニケーションの能力を測るテストで良い結果を得たと報告されていますが、そのような違いが出なかった研究もあります。また、外向的な学習者のほうが、多くの場合内向的な学習者より流暢に話すけれど、正確さに関しては、外向的な学習者が勝るとは言えない、という研究結果もあります[12]。

興味深いのは、外向性の高さが、**コミュニケーション能力**の中のどの要素と関係があるかという研究の結果です。コミュニケーション能力には、文を構成するための「**文法能力**」、一文レベルを越えた談話を作るための「**談話能力**」、相手や状況に応じて適切な言語使用をするための「**社会言語能力**」、そしてコミュニケーションをうまく進めていくストラテジーを使うための「**方略的能力**」があるとされています[13]。外向性がこれらの能力のどれと関わるのかを見た研究では、外向性は文法能力・談話能力・社会言語能力とは関係がなく、方略的能力と強く関わっているという結果が報告されています[14]。方略的能力は、自分の言語能力の不足などからコミュニケーション上で障害が起きたときに、何らかの方法を使ってそれを乗り越えてコミュニケーションを続ける能力です。たとえば、自分が言いたいことを表す単語がわからない場合に、他の言葉を使って言い換えたり、身振りなど言葉以外の手段を使ったり、相手が言ったことがわからなかった場合は、聞き返したり確認したりするなど、コミュニケーション上の障害を乗り越えるためには様々な方法があります[15]（これらは「**コミュニケーション・ストラテジー**」と呼ばれます）。つまり、この研究の結果は、外向性の高さは言語能力と関係する

---

[12] Dewaele & Furnham (1999)
[13] Canale & Swain (1980)
[14] Verhoeven and Vermeer (2002)
[15] Tarone (1980)

のではなく、このようなコミュニケーション・ストラテジーを使う能力と関係があるということなのです。この研究結果からは、外向性が高いからと言って高い言語能力が得られるということではなく、外向性の高い学習者はストラテジーを使う能力が高いために、流暢にコミュニケーションができるということが言えるかもしれません。

　ただし、ここで一つ注意が必要なことがあります。学習の初期の段階から、うまくストラテジーを使ってコミュニケーションを成功させることはとても大切なことなのですが、気になる指摘をしている研究結果もあるのです。学習を開始した初期の段階では、文法の正確さが流暢さや語彙力より勝るかまたは同程度の学習者のほうが、初期の段階で流暢さや語彙力が正確さよりも勝る学習者より、その後の学習に上達をみせることが報告されているのです[16]。つまり、学習を始めた最初の段階から、コミュニケーションへの志向がとても高く、語彙とストラテジーに頼った発話をしていくと、その後の中間言語発達では不利になるということなのでしょう。もちろん、外向性が高い人が必ずしも、学習の当初にこのようなストラテジーをとるとは限りませんが、経験的には、話したいという志向性が高い学習者の場合、タスクなどをしていても、いろいろなことをどんどん伝えたくなって、いわゆるブロークンに話してしまうということは、授業の中でよく起こるようです。

　以上、これまでの研究結果からは、目標言語で話そうという気持ちが強い学習者、積極的に話す学習者のほうが、意味交渉も起こりやすく、フィードバックも得られることを考えると、言語習得には有利だということはある程度言えそうではあります。ただし、教師側は、どんどん話すことがそのまま言語発達につながるという過信はしないことが大切でしょう。

---

[16]　Higgs & Clifford (1982), Skehan (1998)

3．曖昧さに対する寛容性

　性格に入るのか認知スタイルに入るのかは微妙なところですが、「**曖昧さに対する寛容性**（tolerance of ambiguity）」というものが第二言語習得に影響するということも言われています。これは性格の要因の中では「影響がある」という結果が報告されている[17]数少ないものの一つとして注目されています。

　曖昧さに対する寛容性があるというのは、はっきりとした明確な答えが得られず、ある程度曖昧な部分が残っていても、それに不満や不安やフラストレーションなどを感じないでいられるということです。もともと言語のルールというのは、そう簡単に説明しきれるものではありません。たとえば、「どこへ行くんですか」や「今日はちょっと忙しいんです」のように日本語の会話で高頻度で使われる「〜んです」は、教える側にとってもその意味や機能を明確に示すことは難しい形式の一つです。多くの場合、学習者は、母語や英語に訳すとどんな意味かとか、自分の母語のどの形式に当たるかとか、そういった意味づけの仕方はできず、どんな状況でどんなことを表すために使われるかをなんとなく感じた状態で我慢して、インプットに触れながら徐々に学んでいくしかありません。

　言語の学習というのは、このようなことが多く、「ああ、こんなことを言っているんだな」という理解で進んでいかないといけないことの連続だと考えると、このような理解の仕方でも不満やフラストレーションを感じない学習者のほうが有利だということも、納得がいきます。ただ、逆に曖昧さへの寛容性が高すぎることも言語習得にはマイナスに働くことが指摘されており、早い段階で発達が止まってしまう原因にもなるだろうと言われています[18]。「なんとなくわかればいい」「とにかく一番言いたいポイントだけ通じればいい」という気持ちが強すぎると、もっと正確に伝えたい、もっと正確に伝える言い方を知りたいという気持

17　Naiman, Fröhlich, Stern & Todesco（1978）, Chapelle & Roberts（1986）
18　Ely（1995）

ちにつながらないので、中間言語の発達が起こらないということなのでしょう。ですから、「適度の」曖昧さへの寛容性があることがいいのだと考えられます。

　さらに、曖昧さへの寛容性が低いと学習時の不安や不満が引き起こされやすいことが言われています。曖昧さへの寛容性が言語習得に関わるというのは、寛容性の低さにより引き起こされる不安や不満が習得を妨げることも一つの要因になっていると考えられます。

　また、これは筆者自身の経験から考えていることですが、曖昧さへの寛容性の低さから来る学習スタイルが、学習の仕方に影響することも考えられます。学習者の中には、それぞれの言語形式が前に勉強したほかの形式とどう違うかなどについて、文法書で解説されているような詳しい説明を求めて、様々な質問をしてくる人がいます。文脈からどんな意味で使われているかの理解はできていても、それ以上の理解をするために、練習をしないで文法解説を見ていたり辞書で調べていたりすることもあります。また、まずは何度もインプットを聞いて、そのインプットの中で気づき理解をしてほしいと思っても、知らない新しい形式を聞いたとたん、すぐに教科書を見たり辞書で調べようとする学習者もいます。筆者自身は、「とにかくまずは聞くように」と学習者に伝え、インプットに集中させるようにはしているのですが、曖昧さへの寛容性が低いと、授業の中でインプットを聞く量が減ってしまったり、コミュニケーション練習の量が減ったり、インプットを理解することによる自然な習得が起きにくかったりするように感じます。このようなことも習得を阻害する原因になるのかもしれません。

　日本語との距離が遠い言語を母語に持つ学習者が日本語を学習する場合、先ほどの「〜んです」を筆頭に、母語には訳せないような言語形式がかなりあります。ですから、筆者自身は、全く日本語を知らないゼロ初級の学習者のコースを運営していたときは、コース開始前の学習者に、母語では言わない、母語にも英語にも訳せないようなものがいろいろあることを伝え、「言葉を学ぶためには曖昧さへの寛容性というもの

が必要だと言われている」ということも伝えるようにしていました。

4．学習ストラテジー

ここまで何度か、学習者の使うストラテジーという用語が出てきました。私たちはコミュニケーションをしたり外国語の学習をしたりするときに様々な方略を使います。この章の2節で述べたようにコミュニケーションをうまく進めるために使われる方略はコミュニケーション・ストラテジーと呼ばれます。また、自分の学習をより効果的に進めるためにとる方略は**学習ストラテジー**と呼ばれます。

学習ストラテジーは、読者のみなさんも、高校や大学の受験のために英単語を覚えるとき、語呂合わせなど、様々な方法を使って覚えたりしなかったでしょうか。筆者は、中学でWednesdayの綴りがなかなか覚えられなかったのですが、「ウエドネスデイ」と覚えて書けるようになりました（実は今でも、Wednesdayと書くときは、頭の中で「ウエドネスデイ」とつぶやきながら書いています）。

このようなストラテジーは覚え方に関するストラテジーですが、学習者は外国語学習の過程で様々なストラテジーを使っています。第二言語習得の分野では、学習者が使う学習ストラテジーが第二言語習得にどう影響するのかを見るために、学習者がどんな学習ストラテジーを使うかを調べる研究が行なわれてきました。どんな学習ストラテジーを使えば外国語の習得がより効果的に進むかということがわかれば、そのような学習ストラテジーを使うことにより、外国語が効果的に学べるようになるのではないかという発想です。そのために、学習者が実際に使っているストラテジーを調査し分類したり、学習者が使っている学習ストラテジーと学習の成果の関係を調べたり、第二言語学習で良い結果をおさめた学習者がどんな学習ストラテジーを使っているかを調べたり、また、学習者に実際に学習ストラテジー・トレーニングをしてその効果を検証したり、といった研究が行なわれてきました。

最もよく使われるオックスフォードの分類では、学習ストラテジーは

6つのタイプに分けられています[19]。学習者は外国語を理解したり練習したりする過程で、例文から規則を類推したり、母語に翻訳して考えたり、わかりやすくノートにまとめたり、何度も声に出して練習したりするなど、実にいろいろな方法を使って学習を進めます（**認知ストラテジー**）。また、先に述べたように記憶するためにも、語呂合わせで覚えたり、カテゴリーに分けて覚えたり、語源などの知識を使って覚えたり、いろいろなストラテジーを使います（**記憶ストラテジー**）。そして、読んだり聞いたりしていてわからない言葉が出てきたら文脈から類推したり、話すときに知らない言葉があったら、他の言葉で代用してみたり、というように、自分の言語能力の足りないところを補うストラテジーも使います（**補償ストラテジー**）。この補償ストラテジーは、コミュニケーション・ストラテジーと重なる部分もあります。

　また、学習者はこのような具体的な勉強の仕方、覚え方などに関するストラテジーだけではなく、自分の学習全体を管理したり、外国語を学ぶための環境を整えたりといった学習ストラテジーも使っています。たとえば、学習計画を立てたり目標を設定したり（**メタ認知ストラテジー**）、「もっとがんばろう」と自分を勇気づけたり（**情意ストラテジー**）、目標言語の母語話者の友だちを作ったり、その言語を話すためのサークルに参加したり（**社会的ストラテジー**）といったストラテジーです。

　前述のように第二言語習得の分野では、習得に成功した「良い学習者」がどんな学習ストラテジーを使うかを調べたり、それをもとに、学習者に学習ストラテジーのトレーニングをすることの効果を検証したりしてきました。多くの研究者が、どのような学習ストラテジーを使うかが第二言語学習の成果にも影響するだろうと考えてはいるのですが[20]、しかし、今のところ、使われる学習ストラテジーと言語発達の関係についてもはっきりした研究結果は出ておらず、学習ストラテジーをトレーニングすることが言語習得を促進するかどうかについても、よくわかっ

19　Oxford (1990)
20　Oxford (2001)

ていません[21]。

　ただ、どんな学習ストラテジーを使うかということに、個々の学習者の学習スタイルが大きく影響することがわかってきています[22]。たとえば、分析的な学習者は自然と分析的にグループ分けをしたり類推したりするストラテジーをとるというようなことです。もし学習者が自分に合う学習ストラテジーを選んでいるとすれば、学習ストラテジーのトレーニングといって特定のストラテジーを教えても、学習者の学習スタイルに合わなかったり、好まなかったりすれば、あまり効果が出なくても不思議ではありません。実際、学習ストラテジー・トレーニングは、学習者の学習スタイルに合わせたほうが効果が上がるだろうという主張もされており[23]、この点は、まだまだこれからの研究が必要です。

　また、筆者が学習者を見ていて感じているのは、効果的な学習ストラテジーというのは、どんな母語話者がどんな言語を学ぶかによっても異なってくるのではないかということです。英語母語話者がフランス語を学んだり、韓国語母語話者が日本語を学んだりするときのように、母語に置き換えて考えていけば、かなりの部分は成功する場合もあります。しかし、英語母語話者が日本語を学ぶ場合や、その逆の場合は、同じように、母語に置き換えていくというストラテジーをとってしまっては、なかなかうまくいきません。学習者の中には、自分の母語と距離の近い言語の学習での成功経験から、同じように勉強すればいいと考え、同じような学習ストラテジーを使って学習しようとする学習者がいます。筆者自身は、このような場合には学習ストラテジーの切り替えをさせてあげる手助けをすることが必要なのではと考えています。前節の曖昧さに対する寛容性のところでも述べたように、全く初めて日本語を学ぶ学習者のコースを運営していたときに、「母語と大きくタイプの違う言語の学習では、母語にも英語にも訳せないようなものがいろいろある」とい

---

[21]　McDonough (1999), Dörnyei (2005), R. Ellis (2008)
[22]　Ehrman & Oxford (1989), Carson & Longhini (2002), Dörnyei (2005)
[23]　Ehrman, Leaver & Oxford (2003)

うような話を最初にしていたのは、特に日本語と言語間の距離が遠い言語を母語に持つ学習者に対して、「近い言語を学習したときとは違う」ということを知らせておきたいということもありました。「良いストラテジー」と考えられているものを押しつけるのではなく、個々の学習者が自律的に自分に合う学習ストラテジーを選んで学習していくための手助けをしていくことが大切ではないかと考えています。

5．「不安」や「緊張感」の影響

　個人差の最後に、「不安（anxiety）」について考えます。教室での外国語学習では、みんなの前で間違えてしまったり、うまく話せなくてしどろもどろになり恥ずかしいと思ったり、何を答えたらいいかわからないときには当てないでほしいとドキドキしたりといった、不安な気持ちや居心地の悪い気持ちを味わうことも少なくはないでしょう。また、教室に限らず外国語でコミュニケーションをする場合でも、通じなかったらどうしようと緊張したり、相手の言っていることが理解できず、頭の中が真っ白になるということもあるでしょう。このような感情はまとめて第二言語習得では「不安（anxiety）」と呼ばれ、第二言語習得の成果に影響を与えると考えられています[24]。

　本書でも、すでに、フィードバックの章や、学習スタイルが合わないと学習が進まないという話などのなかに、学習者が不安な心理状態になることにより学習が阻害されるという話が出てきました。クラシェンの「情意フィルター仮説」でも、言語習得は、情意フィルターが低い状態、つまり、動機づけが高く、学習者がリラックスして、不安を感じていないような状態でないと起こらないと主張されています。

　第二言語学習の過程で起こる不安は、コミュニケーションがうまくできるだろうかという「コミュニケーション不安」、テストでいい成績がとれるだろうかという「テスト不安」、周囲の人から否定的な評価を受

---

[24] Horwitz, Horwitz & Cope（1986）

けることに関する「評価不安」があるとされています[25]。ただ、どのようなときに「不安」を感じるかは、学習者によって様々であり、他の学習者にとっては楽しくリラックスできる教室活動でも、ある学習者にとっては「不安」を引き起こすことがあることが指摘されています[26]。たとえば、コミュニカティブな教室活動では欠かすことのできないグループワークですが、中にはグループワークに大きなストレスを感じる学習者もいるのです[27]。

このような「不安」と第二言語学習の成果の関係を見る研究は、これまで多く行なわれており、「不安」の高さは第二言語学習の成果と関係があるという結果が出ている研究が多く、「不安」は言語習得に大きな影響を及ぼすという見解をとる研究者が多いようです。しかし、そのような結果が出なかった研究もかなりあり[28]、実のところ、どのような「不安」が言語習得へどう影響するかは、まだはっきりわかっていません。「不安」がどの程度影響を及ぼすかは学習者の動機づけや性格によって、個人個人でも異なるのだろうというのが今のところの妥当な見解のようです[29]。

また、不安の影響を見たこれまでの研究のほとんどが、不安を習得の邪魔をする悪影響があるものと捉えて行なわれてきましたが、不安が習得を促進する場合もあるという主張もあります。不安には、学習の妨げになる「抑制的不安（debilitative anxiety）」と、学習の助けになる「促進的不安（facilitative anxiety）」の二種類があるという主張です[30]。確かに、試験に落ちるかもしれないという不安があるために、がんばって勉強するということもあるでしょうし、適度な緊張感があるからこそ、ある程度文法的に正しい文を言おうという気持ちになるという

---

[25] Horwitz, Horwitz & Cope (1986)
[26] Horwitz (2001), Ellis (2008)
[27] Oxford & Lavine (1992)
[28] Ehrman & Oxford (1995)など
[29] R. Ellis (2008)
[30] Scovel (1978)

こともあるでしょう。適度な「不安」は学習を促進する原動力になるという考え方には、筆者自身も経験的に納得できます。しかし、このような「促進的不安」の効果を見た研究はこれまでほとんどなく、さらに、他の活動と異なり言語学習に関しては「促進的不安」というものはなく「不安」は学習を阻害するだけだ、という主張をしている研究者もおり[31]、これも今のところ意見が分かれています。

ただ、フランス語のイマージョンのクラスを対象に「不安」を調査した研究では（この研究では「不安」の代わりに「緊張（tension）」という言葉が使われています）、教室内での様々な局面で学習者は「緊張」を感じているが、その「緊張」はその場面場面によって、学習にプラスになるものになったり、学習を阻害するものになったりしていることを報告しています[32]。習得を阻害するような不安のない教室にすることは、言うまでもなく必要なことなのですが、今後は習得を促進する「適度な緊張」に関する研究がもっと行なわれることが必要だとされています[33]。

6．個人差に関するまとめ

ここまで、3章にわたって、学習者の個人差が習得に与える影響について見てきました。何度か述べたように、以前の習得研究では、どんな学習スタイルが言語学習に向いているか、どんな性格の人が成功しやすいかというように、外国語学習の成否と個人差の関係に焦点が当てられていましたが、どの個人差に関しても、はっきりとした結果は出ていませんでした。これに関しては、学習者にも様々な面があるのと同様に、言語の習得にも様々な面があって、ある部分だけを測るテストによって把握できるようなものではないことが指摘されています[34]。つまり、学

---

[31] Horwitz (1990)
[32] Spielmann & Radnofsky (2001)
[33] Spielmann & Radnofsky (2001), Dörnyei (2005)
[34] Bialystok & Hakuta (1994)

習者は個人個人によって異なる習得の仕方をするということに対して、一つのテストでその違いを測ろうとすること自体に無理があるのかもしれません。

　現在の研究の焦点は、個人差にどう対応していくかということに移ってきてきます。筆者自身も、今後どれだけ第二言語習得のメカニズムがわかってきて、どんな指導をしたら効果が上がるかがわかってきたとしても、教室での学習者の個人差との「格闘」は終わらないだろうと、教えながら実感しています。複数の学習者がいる教室で、個人個人の学習スタイルや適性や性格を考慮して授業をするというのは、本当に大変なことです。ですが、学習者一人ひとりをよく見ること、そしてそれぞれの学習者の言語発達にどのように関わっていけるかを常に考えていくために、何ができるかを追究していくことが私たち教師には求められているのだと思います。その意味では、私たちが続けていかなければならないことは、個人差との「格闘」ではなく、個人差との「共存」と言ったほうがいいのかもしれません。

[この章のまとめ]
1．学習者の動機づけには、日々の教室活動そのものが大きく関わっている。学習者の動機づけが生み出される段階・維持される段階・高められる段階のそれぞれにおいて、どうしたら学習者の動機づけを高められるかということを、教師は考える必要がある。
2．学習者の性格が第二言語学習の成果にどう関わるかは、はっきりした結果は出ていない。外向性・内向性は、言語能力ではなく、ストラテジーを使う能力に関わるということも言われている。
3．使われる学習ストラテジーと言語発達の関係についてもはっきりした研究結果は出ておらず、学習ストラテジーをトレーニングすることが言語習得を促進するかどうかについても、よくわかっていないが、学習者に合った学習ストラテジーを使うことにより学習の成果が上がるだろうとは考えられている。

［練習問題］
1. 自分の外国語学習を振り返り、どんなときに動機づけが上がったか、また下がったかを考えてみましょう。また、それが三つの段階（動機づけが生み出される段階・維持される段階・高められる段階）のどの段階だったかを考えてみましょう。
2. 学習の妨げになる「抑制的不安（debilitative anxiety）」と、学習の助けになる「促進的不安（facilitative anxiety）」について、どう考えますか。そのような不安の例を考えてみましょう。

第11章　まとめ：教室で私たちにできること

　本書では、第二言語習得の分野でわかってきたことの中から、現場で直面する様々なことを考えるときの助けになることに絞って、ここまで述べてきました。最後に、第二言語習得の分野でわかってきたことをどう教育現場に応用していくかを簡単にまとめ、学習者の第二言語習得過程に私たち教師がどう関わっていけばいいかを考え、本書のまとめとします。

1. 第二言語習得論から見た第二言語教育

　ここまで述べてきたことを簡単に振り返ってみましょう。まず、学習者が第二言語を習得していくというのは、「正しい〇〇語を覚えていく」というようなことではなく、自分の中に新しい言語体系を作っていくことだと述べました。学習者は、インプットの中にある様々な情報や、教わったり読んだりした知識を利用し、さらに、自分が母語で培った言語知識を利用しながら、独自の言語体系を作っていきます。その言語体系は中間言語と呼ばれ、徐々に修正され、再構築されながら発達していきますが、同じ誤りが長く続く時期があったり、後戻りしているように見える時期があったりする、時間のかかるプロセスをたどります。

　その中間言語体系の発達にアウトプットがどの程度必要かは議論が分かれていますが、インプットが不可欠だという点に異論を唱える研究者はいません。第二言語習得がインプットを理解することで起こり、明示的知識はインプットの中での気づきやインプットの理解を助けるという形で習得過程に役に立つ、ということを頭に入れておくことは、実際の

授業を考えるために重要なことです。このような観点から、言語習得を促進するためには、多量の理解可能なインプットを与え、インターアクションが起こる活動をし、文脈から切り離さずに、自動化を促進するアウトプット練習をさせるような授業を考えていくことが必要だと述べてきました。

　また、文脈から切り離したところで文型練習を繰り返してもなかなか使えるようにならず、一方で、コミュニケーション重視だけでは正確さが育ちにくいということから、現在では、「意味のある文脈の中で学習者の注意を言語形式に向けさせる」ことが必要だと言われています。ただ、どの程度、またどのように言語形式に焦点を当てていくか、また、どの程度の明示的知識をどう与えていくかは、「どんな場合にでもこのように」というような単純な答えがあるわけではないと考えたほうがいいでしょう。どんな言語項目を教えるかということだけでなく、学習者の母語、適性、学習スタイル、などを考慮して、言語形式への焦点の当て方や、明示的知識の利用の仕方を考える必要があります。ただし、あくまでも明示的知識は自然な習得を助けるものであり、明示的知識が基礎になり第二言語が習得されるのではない、つまり明示的に文法を教えればそれだけで言語習得が起こるわけではない、ということには注意が必要です。

2．習得は時間のかかるプロセス

　ここまで繰り返し述べてきたように、「習得」というものは時間をかけて進んでいくものです。教えたらすぐ使えるようになるわけでもなく、「これが習得されて、次にこれが習得されて」という形で一つひとつ積み重ねられていくものでもありません。教室の中で特定の言語形式に焦点を当てて指導をする場合、それはその言語形式の習得プロセスをスタートさせたことでしかないのです。ですから、どんな項目でも、1回の授業で扱っただけではなかなか使えるようにならないのも、誤りを繰り返すのもとても自然なことです。そして、第6章6節で述べたよう

に、せっかく学習してもその言語形式のインプットがその後なかったり、使う機会があまりなかったりすれば、教えた効果も消えてしまいます。教えた項目にその後どう触れさせていくかという、その後学習者が触れるインプットに注意を払うことが非常に重要なのです。筆者自身も、自分が教えたことをその後学習者がすっかり忘れていたりすると、ついがっかりしてしまうのですが、習得プロセスをスタートさせたものをどう育てていくのか、ということをもっと考えなければならないと思います。

3．「習得が難しい」と決める前に

　習得順序の章で述べたように、言語形式の中には習得に特に時間がかかるものがあることもわかっています。イ形容詞の否定形や過去否定形などは様々な否定形の中でも習得が遅いことが指摘されていることを述べました。英語形態素の習得順序研究で明らかにされたように、習得に時間がかかるものは、時間をかけて習得してもらうしかありません。

　ただし、なかなか使えるようにならない形式がすべて本当に習得が遅い形式なのかどうかは、きちんと調べてみなければわからず、実は、教え方によってはもっと早く使えるようになるものもあるのかもしれません。学習者が使えるようにならないということには、様々な理由があります。それを省みることなく、「習得が難しい」としてしまうことには問題があります。

　たとえば、なかなか使えるようにならないと言われている受け身について考えてみましょう。筆者は、中級後期から上級程度の学習者のクラスで受け身の使い方に触れるときにはいつも、まず、「姉のボーイフレンドが姉にプロポーズした」と「姉がボーイフレンドにプロポーズされた」は、日本語ではどちらがよく使われると思うかという質問をしています。ほとんどの場合、クラスの半分以上の学生が「プロポーズした」というほうを選び、その理由として、受け身を使うのは、嫌いな人にプロポーズされた場合や、プロポーズされて困ったり嫌な気持ちになった

りしたとき、まだ結婚したくないときなどだろうということを挙げます。上級にさしかかろうとしているにもかかわらず、このような中間言語ルールを作っている学習者が多いのです。

　日本語の受け身には、「（私は）プロポーズされた」「（私は）しかられた」のように、主体となる人や物に行為が直接向けられた場合の受け身（直接受け身）と、「（私は）財布をとられた」「（私は）手紙を読まれた」のように、行為自体は主体となる人に向けられていない場合に使われる受け身（間接受け身）がありますが、迷惑の意味を表すのは間接受け身のほうです。ところが、多くの学習者は、直接受け身もすべて迷惑の意味を表すという中間言語を作っているようです。

　また、「迷惑な気持ちのときだけ使う」とまでは思っていない学習者でも、「よく受け身を使うか」と聞くと、多くの学習者はあまり使わないと答え、その理由として、「いつ使ったらいいかわからない」ということを挙げます。彼らの多くは、正しく受け身形が作れますし、受け身文の助詞も正しく使え、能動態の文章を「〜は〜に〜られた」という受け身文に直すことも簡単にできるのですが、それだけでは自然なコミュニケーションの中で使うことはできないのです。

　上級に近い学習者のこのような話を聞くと、受け身が使えないことが、単に受け身は習得が遅いからだとは言えないことがわかります。学習者がいつまでも受け身が使えないことには、いろいろな要因があるのです。初級での受け身の指導では、迷惑を被った場合の使用に限定している教科書があったり、タスク集のような教材のタスクも「悪い一日について述べる」というようなタスクが多いようです。初級での受け身の指導が、悪いことを伝えることに重点が置かれて教えられる傾向があることを示しています。

　確かに、日本語の受け身表現は、ちょっと間違えて使ってしまうと、否定的なニュアンスが伝わってしまうため、どう教えていくかは難しいところです。しかし、第7章4節で述べたように、ある形式と一つの意味の間に非常に強固な結びつきが起こると、なかなかそこから抜けられ

ません。「受け身＝迷惑な気持ちを表す」という強い結びつけを作った学習者は、その後、迷惑な気持ちを表さないインプットに触れていても、なかなかその結びつけから抜け出せない可能性があります。あるいは、「先生にほめられたんです」のようなインプットにせっかく触れても「ほめられたことが迷惑だと感じて話している」と解釈して聞いてしまっているのかもしれません。実際、中級以上の会話のクラスで「これ、先生に頼まれたんですけど」のような表現が出てくると、「『頼まれた』という言い方をすると『いやな気持ち』の意味にならないのか」という質問を受けることがよくあります。

　さらに、第5章6節でも述べたように、文脈から切り離された練習を繰り返すことで得られるのは、文脈から切り離された練習の中でならその形式を思い出せるという効果です。能動文を受動文に変えるような練習を繰り返せば、能動文を受動文に変えることはできるようになりますが、実際のコミュニケーションの中では、そのような練習は役に立ちません。絵カードを見て「花子は太郎にさそわれました」という一文レベルの練習をいくらしても、文を作ることはできますが、本当にそれを言うのがいつか、「太郎は花子をさそいました」ではなく、受け身のほうを使うのはどんなときかは学習者にはわかりません。

　私たち教師は、受け身をいつ使ったらいいのか、何を伝えるために使うのかを本当に学習者に伝えているのだろうか、受け身がコミュニケーションの中で本当に必要なときに使えるようになるための練習をしているだろうか、ということをきちんと考える必要があります。

　「習得が遅いものは遅いのだから、教師はあせる必要はない」ということを知っておくことは教師として必要なことです。しかし、それは、「学習者がなかなか使えるようにならない形式」イコール「習得が遅い形式」と簡単に決めつけ、なぜ使えないのか、学習者はどのようにその形式を捉えているのか、私たちの教え方に問題はないのかなどを考えることを放棄してしまっていいということではありません。どれだけインプットがあっても、どのように教えても習得に時間がかかるものという

のは、確かにあるでしょう。しかし、どの項目がそのような項目かは、様々な観点からしっかりと調べなければわからないのです。

4．教えたものはすぐ使えなければいけないのか

　教室で教えるということが習得プロセスをスタートさせることだと考えると、何をいつどのように教えるかを考える場合にも、自ずと見方が変わってくるはずです。

　英語の形態素習得順序を思い出してみましょう。三単現の-s は習得が遅い項目だということがわかっています。しかし、だからと言って、三単現の-s はあとで教えたほうがいいということではないことは、第4章で述べました。形態素習得順序研究で明らかにされたことは、三単現の-s は習得が遅い、つまり、習得に時間がかかるということです。教室で教えることが習得プロセスをスタートさせることだと考えれば、習得に時間がかかるものを後回しにするという考えは、理にかなわないことは明らかです。また、実際問題として、三単現の-s を早い段階では教えないということは不可能です。"He like baseball." という非文法的な文を教えるわけにはいきませんし、かといって、主語が三人称単数の現在形の文を全く使わないというわけにもいかないからです。

　第4章7節では、習得が早い・遅いというのは簡単には言えないことや、言語形式によっては、使い始めるのは早くてもその形式の様々な意味機能やルールを習得し正しく使いこなせるようになるには時間がかかるものもあるだろうということも、述べました。そのような言語形式は教室で早い時期に教えても、当面の間、学習者が使えるのはその言語形式の中の限られた一部分でしかないかもしれません。コミュニケーションの中でもそれほど頻繁には使うようにならないかもしれません。しかし、学習者がその後その言語形式のインプットに触れながら長い時間をかけて習得していくためには、インプットの中で出会ったときに気づかなければなりません。その言語形式の存在や意味機能を全く知らない学習者が、インプットの中でそれに気づき形式と意味の結びつきを見つけ

出すことには時間がかかりますが、それを助けるのが教室で学習した知識なのです。

　たとえば、先ほども触れた「〜んです」は、習得に時間のかかる項目だと言われていますが、日本語の自然なコミュニケーションの中では頻繁に使われる形式です。初級学習者に教えても、その複雑な機能のすべてを理解することはできませんし、限られた使い方しかできませんが、その形式の存在を知り、基本的な機能を知ることは、その後インプットに触れたときに「〜んです」が使われていることに気づくことを助けることになります。

　教室学習の役割は、すぐに使えるようにさせてあげることだけではなく、その後の習得を促進することもその重要な役割の一つです。そのように考えると、教室で教えることの効果は、最初の段階では「使えるのはその言語形式の限られた一部分でしかないけれど理解はできる」という程度でいいものもあるはずです。教室で教えることが習得のプロセスをスタートさせることだと考えれば、その言語形式の存在を知り、ある程度意味が理解できているだけでも、その後の「気づき」が変わってくるからです。教えたものがすべて同じように「産出」できる、つまり話したり書いたりするときに使えなければいけないと考えるのではなく、「理解」という観点も入れていくことが必要なのです。

　このように、すぐに使えるようになるものを教えるという観点からだけでなく、習得プロセスをどうスタートさせるかという観点から、教室で何を、いつ、どう教えるかを考えることが必要だと、筆者は考えています。そのためには、教師も研究者も、「どの項目が習得が早い」「どの項目が習得が遅い」といった、項目同士の比較ではなく、それぞれの項目がどう習得されるかを考えていくことが必要だと言えるでしょう。また、教えたものについては教室の中でもインプットの機会をきちんと作り、長い時間をかけて形式と意味・機能の結びつきを育てていくという関わり方が必要だと考えています。

5．学習者と同じ方向を見て進むことの重要性

　ここまで、第二言語習得研究でわかってきたことを、日本語教育に生かすという観点から述べてきましたが、教師が様々なことを学び考え、努力を続けていったとしても、実はそれが学習者の考えと相反する場合、効果を上げることはできないかもしれません。学習者の習得プロセスは教師のものではなく、学習者自身のものであり、教師は学習者が自分の言語体系を作っていく過程を支援していくものだと考えると、効果的な教育のためには、学習者と一緒に同じ方向を目指して進んでいくことが必要です。

　学習スタイルのところで、"Style Wars"（スタイル戦争）という言葉を紹介しましたが、学習者の学習スタイルや、学習者自身が効果的だと考えている学習の仕方と、授業のスタイルが異なる場合、学習がうまく進まないことにつながります。教師が自分のとっている方法がいかに効果的だと思っていても、また、実際にその方法が効果的な方法だとしても、学習者がその方法に疑問を持っていては、動機づけも下がり、不満を持った状態で授業に参加することになり、教育効果は上がらないでしょう。

　第9章で、学習者の学習スタイルを尊重することが大切ということを述べましたが、実は第二言語学習の場合、インプットが非常に少ない状態で文法ばかり練習しても使えるようにはならないとか、明示的知識を積み重ねるだけでは自然な習得にはつながらないなど、言語習得のメカニズムに合わない学習方法では、習得の促進は難しいことがわかっています。しかし、そのような学習の仕方で上達すると考えている学習者に教室で出会うことも少なくないと思います。その学習方法には学習者自身の学習スタイルが影響している場合もありますし、「外国語学習には文法学習が大切だ」とか「たくさん話すことが必要だ」というような、学習者個人個人がそれまでの経験などから言語学習に持っている「**確信（ビリーフ）**」から来ている場合も少なくありません。

　たとえば、中級ぐらいのクラスの学習者に、日本語がもっと上手にな

るためには、何をすればいいと思うかという質問をすると、教室にいるほとんどの学習者からは、「たくさん話すこと」という答えが返ってきます。多くの学習者はたくさん話せば上達すると考えていて、インプットの必要性を感じている学習者は、筆者自身が接した限りではあまりいないようです。聞いたり読んだりといったインプットは、聞くことは「聞く力」をつけるために重要、読むことは「読む力」をつけるために重要と考えられることが多いようです。

　特に、中級ぐらいの学習者を見ていて感じるのは、「ネイティブのように話せるようになる」ことが、難しい文法が「正しく」使えて、たくさんの語彙を使えることだと捉えている学習者が多いということです。しかし、文法と語彙を覚え、あとはそれを自由に組み合わせれば、外国語が「話せる」ようになるわけではないことは、第6章に書いたとおりです。文法的には正しくて意味もそれなりにわかるものでも、普通に使われるものと使われないものがあり、それは大量のインプットに触れて習得していくしかないということです。

　この部分は、学習者はなかなか気がつかないところなのかもしれませんが、文法をある程度勉強したので、あとは語彙力をつけてどんどん使っていけば上達する、という考えで学習を続けていくと、「言いたいことはわかるけれど、そうは言わない」という文を産出し続け、それが自動化して、固定してしまうこともあります。このようなことは、私たち教師が知っておくことはもちろん必要ですが、同時に、学習者に知ってもらうことも重要です。

　筆者が中級クラスのコーディネートをしていたときは、言語学習についてクラスで話し合う時間を何度か設けました。英語がわかる学習者だったので、第6章8節で挙げたI want marriage with you.（あなたとの結婚が欲しい）のような「文法的には正しいけれど使わない」英語の例を見せて、実は中級ぐらいの日本語学習者の日本語にもこの英語のようなものが多いことを伝え、このような「使わない」日本語ではなく、自然な日本語を話すためにはどうしたらいいかを話し合ったりしていま

した。彼らも、苦笑いしながら、同感していました。

　第二言語学習は、「教師が教えたことを学習者が学んでいく」という教師中心のプロセスではなく、新しい言語体系を作っていく当事者は学習者です。動機づけ研究の専門家であるドルネイは、第二言語学習を成功に導くための大きな要因は、学習者自身がそれぞれに最も効果的な学習方法を見つけることだと述べています[1]。そのためには、私たち教師が「第二言語教育の専門家」として、学習者が自分に最適な学習方法を見つけるための良きアドバイザーになることが必要です。外国語の学習にはどんなことが大切なのか、どう学んだら効果的なのかなどを、学習者一人ひとりと共有し、同じ方向を向いて学習者と一緒に前に進める教師になれたらと、筆者自身は考えています。

6．おわりに

　ここまで述べてきたように、私たち教師に必要なことは、学習者をよく見て、学習者の言語発達過程をよく観察し、自分の教育方法を振り返り、必要があれば立ち止まり、自分のしていることが本当に効果的かどうか、また目の前にいるそれぞれの学習者にとってこれでいいのかどうか、そんなことを常に考えて、それを検証していくことであると筆者は考えています。その過程でヒントを与えてくれるのが、第二言語習得の分野でわかってきた様々な知見です。その知見も、すぐに正解を教えてくれるようなものとは限りませんが、「こうしてみたらいいかもしれない」、「こういうことかもしれない」、という手がかりを与えてくれ、前に進む力を与えてくれます。第二言語習得研究が、このような形で教育現場で生かされ、さらに将来的には、学習者と私たち教師が一緒に効果的な言語学習について語り合い、考えていけるようになっていくといいと考えています。本書がその一助になれば、幸いです。

---

[1]　Dörnyei（2001）

引用文献

稲葉みどり（1991）「日本語条件文の意味領域と中間言語構造―英語話者の第二言語習得過程を中心に―」『日本語教育』75, 87-99.
上村隆一（1997）「データベースで調べる」『日本語学』16（12）, 60-68.
大関浩美（2007）「場所を表す格助詞に関する学習者の文法」『言語文化と日本語教育』33, 28-29.
奥野由紀子（2005）『第二言語習得過程における言語転移の研究―日本語学習者による「の」の過剰使用を対象に―』風間書房
家村伸子（2001）「日本語の否定形の習得―中国語母語話者に対する縦断的な発話調査に基づいて―」『第二言語としての日本語の習得研究』4, 63-81.
許夏珮（1997）「中上級台湾人日本語学習者による「テイル」の習得に関する横断研究」『日本語教育』95, 37-48.
許夏珮（2002）「日本語学習者によるテイタの習得に関する研究」『日本語教育』115, 41-50.
迫田久美子（2001）「学習者の誤用を産み出す言語処理のストラテジー（1）―場所を表す「に」と「で」の場合―」『広島大学日本語教育研究』11, 17-22.
清水崇文（2008）「語用論的側面の習得」坂本正ほか編『多様化する言語習得環境とこれからの日本語教育』pp. 189-212. スリーエーネットワーク
清水崇文（2009）『中間言語語用論概論―第二言語学習者の語用論的能力の使用・習得・教育―』スリーエーネットワーク
白畑知彦（1993）「幼児の第2言語としての日本語獲得と「ノ」の過剰生成」『日本語教育』81, 104-115.
白畑知彦（1994）「成人第2言語学習者の日本語の連体修飾構造獲得過程における誤りの分類」『静岡大学教育学部研究報告 人文・社会科学篇』44, 175-189.
ジンマー C（2006）「自己の神経生物学―「私」は脳のどこにいるのか―」『別冊日経サイエンス154：脳から見た心の世界』18-25.
田中真理（1997）「視点・ヴォイス・複文の習得要因」『日本語教育』92, 107-118.
田中茂範・阿部一（1988/1989）「外国語学習における言語転移の問題（1）～（3）―歴史的背景と現状―」『英語教育』11月号, 32-35. 12月号, 38-40. 1月号, 78-81.
陳毓敏（2009）「中国語母語の日本語学習者における漢字語の習得研究」2009年度お茶の水女子大学大学院人間文化創成科学研究科博士学位論文
土井利幸・吉岡薫（1990）「助詞の習得における言語運用上の制約―ピーネマン・ジョンストンモデルの日本語習得研究への応用―」Proceedings of the 1st Conference on Second Language Acquisition and Teaching, 23-33. International University of Japan.
野田尚史（2001）「学習者独自の文法の背景」野田尚史・迫田久美子・渋谷勝己・小林典子（編）『日本語学習者の文法習得』pp. 45-62. 大修館書店
バトラー後藤裕子（2003）『多言語社会の言語文化教育―英語を第二言語とする子

どもへのアメリカ人教師たちの取り組み―』くろしお出版

向山陽子（2006）「学習者は文法説明を受けなくても連体修飾節のルールを学習できるか―中国人学習者を対象にして―」『言語文化と日本語教育』32, 20-29.

向山陽子（2009a）「第二言語習得において学習者の適性が学習成果に与える影響―言語分析能力・音韻的短期記憶・ワーキングメモリに焦点を当てて―」『日本語科学』25, 67-90.

向山陽子（2009b）「学習者の適性プロフィールと学習成果の関連―クラスタ分析による検討―」『第二言語としての日本語の習得研究』12, 66-85.

八木公子（1996）「初級学習者の作文に見られる日本語の助詞の正用順序―助詞別，助詞の機能別，機能グループ別に―」『世界の日本語教育』6, 65-81.

Andersen, R. W. (1984). The one-to-one principle of interlanguage construction. *Language Learning, 34*, 77-95.

Andersen, R. W. (1990). Models, processes, principles and strategies: Second language acquisition inside and outside of the classroom. In B. VanPatten, & J. Lee (Eds.), *Second language acquisition-foreign language learning* (pp. 45-68). Clevedon: Multilingual Matters.

Anderson, J. R. (1983). *The architecture of cognition*. Cambridge, MA: Harvard University Press.

Bacon, S. (1992). The relationship between gender, comprehension, processing strategies, and cognitive and affective response in foreign language listening. *Modern Language Journal, 76*, 160-178.

Bardovi-Harlig, K. (1987). Markedness and salience in second language acquisition. *Language Learning, 37*, 385-407.

Bardovi-Harlig, K., & Hartford, B. (1993). Learning the rules of academic talk: A longitudinal study of pragmatic development. *Studies in Second Language Acquisition, 15*, 279-304.

Baron-Cohen, S. (2003). *The essential difference: The truth about the male and female brain*. New York: Basic Books. （三宅真砂子訳（2005）『共感する女脳、システム化する男脳』日本放送出版協会）

Bialystok, E., & Hakuta, K. (1994). *In other words*. New York: Basic books. （重野純 訳（2000）『外国語はなぜなかなか身につかないか』新曜社）

Bialystok, E., & Sharwood Smith, M. (1985). Interlanguage is not a state of mind: An evaluation of the construct for second-language acquisition. *Applied Linguistics, 6*, 101-117.

Bohannon, J. N., & Stanowicz, L. (1988). The issue of negative evidence: Adult responses to children's language errors. *Developmental Psychology, 24*, 684-689.

Boyle, J. P. (1987). Sex differences in listening vocabulary. *Language Learning, 37*, 273-284.

Brown, H. D. (1980). *Principles of language learning and teaching*. Englewood Cliffs, NJ: Prentice Hall. （阿部一・田中茂範訳（1983）『英語教授法の基礎理論』金星堂）

Canale, M., & Swain, M. (1980). Theoretical bases of communicative approaches to second language teaching and testing. *Applied Linguistics, 1*, 1-47.

Carroll, J., & Sapon, S. (1959). *Modern language aptitude test, Form A*. New York: The Psychological Corporation.

Carpenter, H., Joen, K., MacGregor, D., & Mackey, A. (2006). Recasts and repetitions: Learners' interpretations of native speaker responses. *Studies in Second Language Acquisition, 28*, 209-236.

Carson, J. G., & Longhini, A. (2002). Focusing on learning styles and strategies: A diary study in an immersion setting. *Language Learning, 52*, 401-438.

Chapelle, C., & Roberts, C. (1986). Ambiguity tolerance and field independence as predictors of proficiency in English as a second language. *Language Learning, 36*, 27-45.

Corder, S. P. (1967). The significance of learner's errors. *IRAL, 5*, 161-170.

Cohen, A. D., Oxford, R. L., & Chi, J. C. (2002). *Learning style survey: Assessing your own learning styles*. Minneapolis, MN: Center for Advanced Research on Language Acquisition, University of Minnesota. (http://www.tc.umn.edu/~adcohen/documents/2002-Cohen-Oxford-Chi_Learning_Style_Survey.pdf より入手可)

Connellan, J., Baron-Cohen, S., Wheelwright, S., Ba'tki, A., & Ahluwalia, J. (2000). Sex differences in human neonatal social perception. *Infant Behavior and Development, 23*, 113-118.

Crookes, G., & Schmidt, R. W. (1991). Motivation: Reopening the research agenda. *Language Learning, 41*, 469-512.

Cummins, J. (1976). The influence of bilingualism on cognitive growth: A synthesis of research findings and explanatory hypotheses. *Working Papers on Bilingualism, 9*, 1-43.

Cummins, J. (1979). Linguistic interdependence and the educational development of bilingual children. *Review of Educational Research, 49*, 222-251.

Cummins, J. (1981). The role of primary language development in promoting educational success for language minority students. In California State Department of Education (Ed.), *Schooling and language minority students: A theoretical framework* (pp. 3-49). Los Angeles: Evaluation, Dissemination and Assessment Center California State University.

de Graaff, R. (1997). The experanto experiment: Effects of explicit instruction on second language acquisition. *Studies in Second Language Acquisition, 19*, 249-276.

Dekeyser, R. M. (1995). Learning second language grammar rules: An experiment with a miniature linguistic system. *Studies in Second Language Acquisition, 17*, 379-410.

DeKeyser, R. M. (1998). Beyond focus on form: Cognitive perspective on learning and practical second language grammar. In C. J. Doughty & J. Williams (Eds.), *Focus on form in classroom second language acquisition* (pp. 42-63). Cambridge: Cambridge University Press.

Dewaele, J. M., & Furnham, A. (1999). Extraversion: The unloved variable in applied linguistic research. *Language Learning, 49*, 509-544.

Doughty, C. J. (1991). Second language instruction does make a difference:

Evidence from an empirical study of SL relativization. *Studies in Second Language Acquisition, 13*, 431-369.

Doughty, C. J. & Williams, J. (1998). Pedagogical choices in focus on form. In C. J. Doughty & J. Williams (Eds.), *Focus on form in classroom second language acquisition* (pp. 197-261). Cambridge: Cambridge University Press.

Dörnyei, Z. (2000). Motivation in action: Towards a process-oriented conceptualisation of student motivation. *British Journal of Educational Psychology, 70*, 519-538.

Dörnyei, Z. (2001). *Motivational strategies in the language classroom*. Cambridge: Cambridge University Press.(米山朝二・関昭典訳（2005）『動機づけを高める英語指導ストラテジー35』大修館書店)

Dörnyei, Z. (2005). *The psychology of the language learner: Individual differences in second language acquisition*. Mahwah, NJ: Lawrence Erlbaum Associates.

Dörnyei, Z., & Skehan, P. (2003). Individual differences in second language learning. In C. J. Doughty & M. H. Long (Eds.), *The handbook of second language acquisition* (pp. 589-630). Malden, MA: Blackwell.

Eckman, F. R. (1984). Universals, typologies and interlanguage. In W. E. Rutherford (Ed.), *Language universals and second language acquisition* (pp. 79-105). Amsterdam/Philadelphia: John Benjamins.

Egi, T. (2007). Interpreting recasts as linguistic evidence: The roles of linguistic target, length, and degree of change. *Studies in Second Language Acquisition, 29*, 511-538.

Ehrman, M. E. (1996). *Understanding second language learning difficulties*. Thousand Oaks, CA: Sage Publications.

Ehrman, M. E., Leaver, B. L., & Oxford, R. L. (2003). A brief overview of individual differences in second language learning. *System, 31*, 313-330.

Ehrman, M. E., & Oxford, R. L. (1989). Effects of sex differences, career choice, and psychological type on adult language learning strategies. *Modern Language Journal, 72*, 1-13.

Ehrman, M., & Oxford, R. L. (1995). Cognition plus: Correlates of language learning success. *Modern language Journal, 79*, 67-89.

Ellis, N. C. (2002). Frequency effects in language acquisition: A review with implications for theories of implicit and explicit language acquisition. *Studies in Second Language Acquisition, 24*, 143-188.

Ellis, N. C. (2006). Selective attention and transfer phenomena in SLA: Contingency, cue competition, salience, interference, overshadowing, blocking, and perceptual learning. *Applied Linguistics, 27*, 1-31.

Ellis, R. (1994). *The study of second language acquisition*. Oxford: Oxford University Press.

Ellis, R. (1999). Item versus system learning: Explaining free variation. *Applied Linguistics, 20*, 460-480.

Ellis, R. (2008). *The study of second language acquisition*. (2nd ed.) Oxford:

Oxford University Press.
Ellis, R., & Sheen, Y. (2006). Reexamining the role of recasts in second language acquisition. *Studies in Second Language Acquisition, 28*, 575-600.
Ellis, R., Loewen, S., & Erlam, R. (2006). Implicit and explicit corrective feedback and the acquisition of L2 grammar. *Studies in Second Language Acquisition, 28*, 339-368.
Ely, C. M. (1995). Tolerance of ambiguity and the teaching of ESL. In J. M. Reid (Ed.), *Learning styles in the ESL/EFL classroom* (pp. 87-95). Boston, MA: Heinle & Heinle.
Erlam, R. (2005). Language aptitude and its relationship to instructional effectiveness in second language acquisition. *Language Teaching Research, 9*, 147-171.
Farhady, H. (1982). Measures of language proficiency from the learner's perspective. *TESOL Quarterly, 16*, 43-59.
Gardner, R. C. (1985). *Social psychology and second language learning: The role of attitudes and motivation*. London: Edward Arnold.
Gardner. R. C., & Lambert, W. E. (1972). *Attitudes and motivation in second language learning*. Rowley, MA: Newbury House,
Gass, S. M. (2003). Input and interaction. In C. J. Doughty & M. H. Long (Eds.), *The handbook of second language acquisition* (pp. 224-255). Malden, MA: Blackwell.
Gass, S. M., & Alvarez Torres, M. J. (2005). Attention when? *Studies in Second Language Acquisition, 27*, 1-31.
Goldschneider, J. M., & Dekeyser, R. M. (2001). Explaining the "Natural order of L2 morpheme acquisition" in English: A meta-analysis of multiple determinants. *Language Learning, 51*, 1-50.
Gu, Y. (2002). Gender, academic major, and vocabulary learning strategies of Chinese EFL learners. *RELC Journal, 33*, 35-54.
Harley, B. (1998). The role of focus-on-form tasks in promoting child L2 acquisition. In C. J. Doughty & J. Williams (Eds.), *Focus on form in classroom second language acquisition* (pp. 156-174). New York: Cambridge University Press.
Harrington, M., & Sawyer, M. (1992). L2 working memory capacity and L2 reading skill. *Studies in Second Language Acquisition, 14*, 25-38.
Hayes, J., & Allinson, C. W. (1996). The implications of learning styles for training and development: A discussion of the matching hypothesis. *British Journal of Management, 6*, 63-73
Hermann, G. (1980). Attitudes and success in children's learning of English as a second language: The motivational vs. the resultative hypothesis. *ELT Journal, 34*, 247-254.
Higgs, T. V., & Clifford, R. (1982). The push toward communication. In T. V. Higgs (Ed.), *Curriculum, competence, and the foreign language teacher* (pp. 57-79). Lincolnwood, IL: National Textbook Company.
Horwitz, E. K. (1990). Attending to the affective domain in the foreign lan-

guage classroom. In S. S. Magnam (Ed.), *Shifting the instructional focus to the learner* (pp. 15-33). Middlebury, VT: Northeast Conference on the Teaching of Foreign Languages.

Horwitz, E. K. (2001). Language anxiety and achievement. *Annual Review of Applied Linguistics, 21*, 112-126.

Horwitz, E. K., Horwitz, M. B., & Cope, J. (1986). Foreign language classroom anxiety. *Modern Language Journal, 70*, 125-132.

Hyde, J. S., & Linn, M. C. (1988). Gender differences in verbal ability: A Meta-analysis. *Psychological Bulletin, 104*, 53-69.

Johnson, J., Prior, S. M., & Artuso, M. (2000). Field dependence as a factor in second language communicative proficiency. *Language Learning, 50*, 529-567.

Kanagy, R. (1994). Developmental sequences in learning Japanese: A look at negation. *Issues in Applied Linguistics, 5*, 255-277.

Kaplan, R. B. (1966). Cultural thought patterns in intercultural education. *Language Learning, 16*, 1-20.

Kasper, G., & Schmidt, R. W. (1996). Developmental issues in interlanguage pragmatics. *Studies in Second Language Acquisition, 18*, 149-169.

Kawaguchi, S. (1999). The acquisition of syntax and nominal ellipsis in JSL discourse. In P. Robinson (Ed.), *Representation and process: Proceedings of the 3rd Pacific second language research forum* (*Vol. 1*) (pp. 85-94). Tokyo: Aoyama Gakuin University.

Kellerman, E. (1978). Giving learners a break: Native speaker intuition as a source of predictions about transferability. *Working Papers on Bilingualism, 15*, 59-92.

Kellerman, E. (1983). Now you see it, now you don't. In S. M. Gass & L. Selinker (Eds.), *Language transfer in language learning* (pp. 112-134). Rowley, MA: Newbury House.

Kellerman, E. (1985). If at first you do succeed…. In S. M. Gass &. C. Madden (Eds.), *Input in second language acquisition* (pp. 345-353). Rowley, MA: Newbury House.

Kinsella, K. (1995). Understanding and empowering diverse learners in the ESL classroom. In J. Reid (Ed.), *Learning styles in the ESL/EFL classroom* (pp. 170-194). Boston, MA: Heinle & Heinle.

Krashen, S. D. (1982a). *Principles and practice in second language acquisition*. Oxford: Pergamon.

Krashen, S. D. (1982b). Theory versus practice in language training. In R. W. Blair (Ed.), *Innovative approaches to language teaching* (pp. 15-30). Rowley, MA: Newbury House.

Krashen, S. D., Long, M., & Scarcella, R. (1979). Age, rate, and eventual attainment in second language acquisition. *TESOL Quarterly, 13*, 573-582.

Larsen-Freeman, D., & Long, M. H. (1991). *An introduction to second language acquisition research*. London: Longman. (牧野高吉・萬谷隆一・大場浩正 訳 (1995)『第二言語習得への招待』鷹書房弓プレス)

Leeman, J. (2003). Recasts and second language development: Beyond negative evidence. *Studies in Second Language Acquisition, 25*, 37–63.

Lightbown, P., & Spada, N. (2006). *How languages are learned*. (3rd ed.) Oxford: Oxford University Press.

Loewen, S., & Philp, J. (2006). Recasts in the adult English L2 classroom: Characteristics, explicitness, and effectiveness. *Modern Language Journal, 90*, 536–555.

Long, M. H. (1980). Input, interaction and second language acquisition. Unpublished Ph.D. dissertation, University of California at Los Angeles.

Long, M. H. (1983). Does second language instruction make a difference? A review of research. *TESOL Quarterly, 17*, 359–382.

Long, M. H. (1988). Instructed interlanguage development. In L. M. Beebe (Ed.), *Issues in second language acquisition: Multiple perspectives* (pp. 115–141). Cambridge, MA : Newbury House. (卯城祐司・佐久間康之訳（1998）『第二言語習得の研究―5つの視点から―』大修館書店)

Long, M. H. (1991). Focus on form : A design feature in language teaching methodology. In K. de Bot, R. Ginsberg & C. Kramsch (Eds.), *Foreign language research in cross-cultural perspective* (pp. 39–52). Amsterdam/Philadelphia: John Benjamins.

Long, M. H. (1996). The role of the linguistic environment in second language acquisition. In W. C. Ritchie & T. K. Bhatia (Eds.), *Handbook of second language acquisition* (pp. 413–468). San Diego, CA: Academic Press.

Long, M. H. (2003). Stabilization and fossilization in interlanguage development. In C. J. Doughty & M. H. Long (Eds.), *The handbook of second language acquisition* (pp. 487–535). Malden, MA: Blackwell.

Long, M. H., & Robinson, P. (1998). Focus on form: Theory, research, and practice. In C. J. Doughty & J. Williams (Eds.), *Focus on form in classroom second language acquisition* (pp. 15–41). Cambridge: Cambridge University Press.

Luk, Z. P., & Shirai, Y. (2009). Is the acquisition order of grammatical morphemes impervious to L1 knowledge? Evidence from the acquisition of plural -s, articles, and possessive 's. *Language Learning, 59*, 721–754.

Lukmani, Y. M. (1972). Motivation to learn and language proficiency. *Language Learning, 22*, 261–273.

Lyster, R. (1998). Recasts, repetition, and ambiguity in L2 classroom discourse. *Studies in Second Language Acquisition, 20*, 51–81.

Lyster, R. (2002). Negotiation in immersion teacher-student interaction. *International Journal of Educational Research, 37*, 237–253.

Lyster, R. (2004). Differential effects of prompts and recasts in form-focused instruction. *Studies in Second Language Acquisition, 26*, 399–432.

Lyster, R., & Izquierdo, J. (2009). Prompts versus recasts in dyadic interaction. *Language Learning, 59*, 453–498.

Lyster, R., & Mori, H. (2006). Interactional feedback and instructional counterbalance. *Studies in Second Language Acquisition, 28*, 269–300.

Lyster, R., & Ranta, L. (1997). Corrective feedback and learner uptake: Negotiation of form in communicative classrooms. *Studies in Second Language Acquisition, 19*, 37-66.

Mackey, A., Philp, J., Egi, T., Fujii, A., & Tatsumi, T. (2002). Individual differences in working memory, noticing of interactional feedback and L2 development. In P. Robinson (Ed.), *Individual differences and instructed language learning* (pp. 181-208). Amsterdam/Philadelphia: John Benjamins.

McDonough, K. (2007). Interactional feedback and the emergence of simple past activity verbs in L2 English. In A. Mackey (Ed.), *Conversational interaction in second language acquisition: A series of empirical studies* (pp. 323-338). Oxford: Oxford University Press.

McDonough, S. H. (1999). Learner strategies. *Language Teaching, 32*, 1-18.

Miyake, A., & Friedman, N. F. (1998). Individual differences in second language proficiency: Working memory as "language aptitude". In A. F. Healy & L. E. Bourne (Eds.), *Foreign language learning: Psycholinguistic studies on training and retention* (pp. 339-364). Mahwah, NJ: Lawrence Erlbaum Associates.

Naiman, N., Fröhlich, M., Stern, H. H., & Todesco, A. (1978). *The good language learner*. Toronto: Ontario Institute for Studies in Education. Reprinted in 1996 by Multilingual Matters.

Norris, J. M., & Ortega, L. (2000). Effectiveness of L2 instruction: A research synthesis and quantitative meta-analysis. *Language Learning, 50*, 417-528.

Nunan, D. (1999). *Second language teaching & learning*. Boston, MA: Heinle & Heinle.

Nyikos, M. (1990). Sex-related differences in adult language learning: Socialization and memory factors. *The Modern Language Journal, 74*, 273-287.

Nyikos, M. (2008). Gender and good language learners. In C. Griffiths (Ed.), *Lessons from good language learners* (pp. 73-82). Cambridge: Cambridge University Press.

Obler, L. K., Fein, D., Nicholas, M., & Albert, M. (1991). Auditory comprehension and aging: Decline in syntactic processing. *Applied Psycholinguistics, 12*, 433-452.

Odlin, T. (2003). Crosslinguistic influence. In C. J. Doughty & M. H. Long (Eds.), *The handbook of second language acquisition* (pp. 436-486). Malden, MA: Blackwell.

Oi, K. (1986). Cross-cultural differences in rhetorical patterning: A study of Japanese and English. *JACET Bulletin, 17*, 23-48.

Oxford, R. L. (1990). *Language learning strategies*. Rowley, MA: Newbury House.

Oxford, R. L. (1999). "Style wars" as a source of anxiety in language classrooms. In D. J. Young (Ed.), *Affect in foreign language and second language learning* (pp. 216-237). Boston, MA: McGraw Hill.

Oxford, R. L. (2001). Language learning styles and strategies. In M. Celce-

Murcia (Ed.), *Teaching English as a second or foreign language* (3rd ed.) (pp. 359-366). Boston, MA: Heinle & Heinle.

Oxford, R. L., & Anderson, N. (1995). State of the art: A crosscultural view of language learning styles. *Language Teaching, 28*, 201-215.

Oxford, R. L., & Lavine, R. Z. (1992). Teacher-student style wars in the language classroom: Research insights and suggestions. *ADFL Bulletin, 23*, 38-45.

Ozeki, H., & Shirai, Y. (2007). The acquisition of noun-modifying clauses in Japanese: A comparison with Korean. In N. H. McGloin & J. Mori (Eds.), *Japanese/Korean Linguistic 15* (pp. 263-274). Stanford, CA: CSLI Publications.

Pawley, A., & Syder, F. H. (1983). Two puzzles for linguistic theory: Nativelike selection and nativelike fluency. In J. C. Richards & R. W. Schmidt (Eds.), *Language and communication* (pp. 191-226). London: Longman.

Klein, W., & Perdue, C. (1997). The Basic Variety (or: Couldn't natural languages be much simpler?). *Second Language Research, 13*, 301-347.

Philp, J. (2003). Constraints on "noticing the gap": Nonnative speakers' noticing of recasts in NS-NNS interaction. *Studies in Second Language Acquisition, 25*, 99-126.

Pienemann, M. (1989). Is language teachable? Psycholinguistic experiments and hypotheses. *Applied Linguistics, 10*, 52-79.

Pienemann, M. (1998). *Language processing and second language development: Processability theory*. Amsterdam/Philadelphia: John Benjamins.

Pienemann, M., & Johnston, M. (1987). Factors influencing the development of language proficiency. In D. Nunan (Ed.), *Applying second language acquisition research* (pp. 45-141). Adelaide: National Curriculum Research Center, Adult Migrant Education Program.

Reese, E., & Fivush, R. (1993). Parental styles for talking about the past. *Developmental Psychology, 29*, 596-606.

Robinson, P. (1996). Learning simple and complex second language rules under implicit, incidental, rule-search, and instructed condition. *Studies in Second Language Acquisition, 18*, 27-67.

Robinson, P. (2002). Learning conditions, aptitude complexes, and SLA: A framework for research and pedagogy. In P. Robinson (Ed.), *Individual differences and instructed language learning* (pp. 113-136). Amsterdam/Philadelphia: John Benjamins.

Russell, V. J., & Spada, N. (2006). The effectiveness of corrective feedback for the acquisition of L2 grammar: A meta-analysis of the research. In J. M. Norris & L. Ortega (Eds.), *Synthesizing research on language learning and teaching* (pp. 133-164). Amsterdam/Philadelphia: John Benjamins.

Sadler-Smith, E., & Riding, R. J. (1999). Cognitive style and learning preferences. *Instructional Science, 27*, 355-371.

Sawyer, M., & Ranta, L. (2001). Aptitude, individual differences, and instructional design. In P. Robinson (Ed.), *Cognition and second language instruc-*

tion (pp. 319-353). Cambridge: Cambridge University Press.

Schachter, J. (1974). An error in error analysis. *Language Learning, 27*, 205-214.

Schmidt, R. W. (1990). The role of consciousness in second language learning. *Applied Linguistics, 11*, 129-158.

Scovel, T. (1978). The effect of affect: A review of the anxiety literature. *Language Learning, 28*, 129-142.

Segalowitz, N. (2000). Automaticity and attentional skill in fluent performance. In H. Riggenbach (Ed.), *Perspectives on fluency* (pp. 200-219). Ann Arbor, MI: The University of Michigan Press.

Selinker, L. (1972). Interlanguage. *IRAL, 10*, 209-231.

Sheen, Y. (2006). Exploring the relationship between characteristics of recasts and learner uptake. *Language Teaching Research, 10*, 361-392.

Shirai, Y. (1992). Conditions on transfer: A connectionist approach. *Issues in Applied Linguistics, 3*, 91-120.

Shirai, Y., & Kurono, A. (1998). The acquisition of tense-aspect marking in Japanese as a second language. *Language Learning, 48*, 245-279.

Skehan, P. (1986). Cluster analysis and the identification of learner types. In V. Cook (Ed.), *Experimental approaches to second language learning* (pp. 81-94). Oxford: Pergamon.

Skehan, P. (1998). *A cognitive approach to language learning*. Oxford: Oxford University Press.

Slobin, D. I. (1971). *Psycholinguistics*. Glenview, IL: Scott, Foresman & Company. (宮原英種・中溝幸夫・宮原和子訳『心理言語学入門』(1975) 新曜社)

Spada, N. (1986). The interaction between type of contact and type of instruction: Some effects on the L2 proficiency of adult learners. *Studies in Second Language Acquisition, 8*, 181-200.

Spada, N., & Lightbown, P. (1993). Instruction and the development of questions in L2 classrooms. *Studies in Second Language Acquisition, 15*, 205-224

Spada, N., & Lightbown, P. (1999). Instruction, first language influence, and developmental readiness in second language acquisition. *The Modern Language Journal, 83*, 1-22.

Sparks, R., Patton, J., Ganschow, L., & Humbach, N. (2009). Long-term relationships among early first language skills, second language aptitude, second language affect, and later second language proficiency. *Applied Psycholinguistics, 30*, 725-756.

Spielmann, G., & Radnofsky, M. L. (2001). Learning language under tension: New directions from a qualitative study. *Modern Language Journal, 85*, 259-278

Sugaya, N., & Shirai, Y. (2007). The acquisition of progressive and resultative meanings of the imperfective aspect marker by L2 learners of Japanese: Transfer, universals, or multiple factors? *Studies in Second Language Acquisition, 29*, 1-38.

Swain, M. (1985). Communicative competence: Some roles of comprehensible input and comprehensible output in its development. In S. M. Gass & C. Madden (Eds.), *Input in second language acquisition* (pp. 235-253). Rowley, MA: Newbury House.

Swain, M. (1993). The Output Hypothesis: Just speaking and writing aren't enough. *The Canadian Modern Language Review, 50*, 158-164.

Swain, M. (1998). Focus on form through conscious reflection. In C. J. Doughty & J. Williams (Eds.), *Focus on form in classroom second language acquisition* (pp. 64-81). Cambridge: Cambridge University Press,.

Takahashi, S. (2001). The role of input enhancement in developing pragmatic competence. In K. Rose & G. Kasper (Eds.), *Pragmatics in language teaching* (pp. 171-199). Cambridge: Cambridge University Press.

Tarone, E. (1980). Communication strategies, foreigner talk, and repair in interlanguage. *Language Learning, 30*, 417-431.

Taylor, B. (1975). The use of overgeneralization and transfer learning strategies by elementary and intermediate students of ESL. *Language Learning, 25*, 73-107.

Thomas, J. (1983). Cross-cultural pragmatic failure. *Applied Linguistics, 4*, 91-112.

Tomasello, M. (2003). *Constructing a language: A usage-based theory of language acquisition*. Cambridge, MA: Harvard University Press.

Truscott, J. (1999). What's wrong with oral grammar correction. *The Canadian Modern Language Review, 55*, 437-455.

VanPatten, B. (1996). *Input processing and grammar instruction in second language acquisition*. Norwood, NJ: Ablex.

VanPatten, B. (2002). Processing instruction: An update. *Language Learning, 52*, 755-803.

Verhoeven, L., & Vermeer, A. (2002). Communicative competence and personality dimensions in L1 and L2 learners. *Applied Psycholinguistics, 23*, 361-374.

Wallentin, M. (2009). Putative sex differences in verbal abilities and language cortex: A critical review. *Brain and Language, 108*, 175-183.

Wesche, M. B. (1981). Language aptitude measures in streaming, matching students with methods, and diagnosis of learning problems. In K. C. Diller (Ed.), *Individual differences and universals in language learning aptitude* (pp. 119-154). Rowley, MA : Newbury House.

White, L. (1991). Adverb placement in second language acquisition: Some effects of positive and negative evidence in the classroom. *Second Language Research, 7*, 133-161.

Williams, J. N. (2004). Implicit learning of form-meaning connections. In B. VanPatten, J. Williams, S. Rott & M. Overstreet (Eds.), *Form-meaning connections in second language acquisition* (pp. 203-218). Mahwah, NJ: Lawrence Erlbaum Associates.

Zobl, H. (1983). Markedness and the projection problem. *Language Learning, 33*, 293-313.

引用した教科書・教材
スリーエーネットワーク（編著）（1998）『みんなの日本語　初級 1，2』スリーエーネットワーク
筑波ランゲージグループ（1996）『Situational Functional Japanese Vol. 1～3』凡人社
坂野永理ほか（1999）『初級日本語　げんき I，II』The Japan Times
小林典子・高橋純子・三宅和子・フォード丹羽順子・藤本泉（1995）『わくわく文法リスニング99　耳で学ぶ日本語』（凡人社）

第二言語習得に関する入門書・概説書
（以下，概ね入門的なものから専門的なものという順序でリストしてあります）
白井恭弘（2004）『外国語学習に成功する人，しない人―第二言語習得論への招待―』（岩波科学ライブラリー100）岩波書店
白井恭弘（2008）『外国語学習の科学　第二言語習得論とは何か』（岩波新書　新赤版1150）岩波書店
迫田久美子（2002）『日本語教育に生かす第二言語習得研究』アルク
小柳かおる（2004）『日本語教師のための新しい言語習得概論』スリーエーネットワーク
小池生夫・木下耕児・成田真澄・寺内正典（編）（2004）『第二言語習得研究の現在―これからの外国語教育への視点』大修館書店
SLA 研究会（編）（1994）『第二言語習得理論に基づく最新の英語教育』大修館書店
山岡俊比古（1997）『第2言語習得研究』桐原ユニ
Cook, V. J. (1991). *Second language learning and language teaching*. London: Arnold.（米山朝二訳（1993）『第2言語の学習と教授』研究社出版）
Ellis, R. (1994). *The study of second language acquisition*. Oxford: Oxford University Press.（金子朝子抄訳（1996）『第二言語習得序説』研究社出版）
Ellis, R. (1985). *Understanding second language acquisition*. Oxford: Oxford University Press.（牧野高吉訳（1988）『第2言語習得の基礎』ニューカレントインターナショナル）
畑佐由紀子（編）（2003）『第二言語習得研究への招待』くろしお出版
Brown, H. D. (1980). *Principles of language learning and teaching*. Englewood Cliffs, NJ: Prentice Hall.（阿部一・田中茂範訳（1983）『英語教授法の基礎理論』金星堂）
Bialystok, E., & Hakuta, K. (1994). *In other words*. New York: Basic books.（重野純訳（2000）『外国語はなぜなかなか身につかないか』新曜社）
Larsen-Freeman, D., & Long, M. H. (1991). *An introduction to second language acquisition research*. London: Longman.（牧野高吉・萬谷隆一・大場浩正 訳（1995）『第二言語習得への招待』鷹書房弓プレス）
Beebe, L. M. (Ed.) (1988). *Issues in second language acquisition*: Multiple perspectives. Cambridge, MA: Newbury House.（卯城祐司・佐久間康之訳（1998）『第二言語習得の研究―5つの視点から―』大修館書店

ical Lan-
索　引

A

BICS (Basic Interpersonal Communication Skills) ……………131, 133
CALP (Cognitive Academic Language Proficiency) ………131-133
i＋1 ……………………………59, 60
JFL (Japanese as a foreign language) ……………………………89-91
JSL (Japanese as a second language) ……………………………89-90
MLAT (Modern Language Aptitude Test) ……………………………138
U字型発達 (U-shaped development) ……………………………17, 35

あ

曖昧さに対する寛容性（耐性）(torelance of ambiguity) 168-169
アウトプット (output) ………62-64, 67
アウトプット仮説 (output hypothesis) ……………………………62, 70-71
暗示的知識 (implicit knowledge) …76
インターアクション仮説 (interaction hypothesis) ……………………60, 61
イマージョン・プログラム (immersion program) ……………………62, 65
意味交渉 (negotiation of meaning) ……………………………61
インターフェース (interface) ………77
インテイク (intake) ……………69, 70
インプット (input) ……14, 57, 59, 66-69, 86, 87, 93-96
インプット仮説 (input hypothesis) ……………………………59
エラー (error) …………………4
オーディオ・リンガル・メソッド (audio-lingual method) …………2, 23, 72, 97

か

外国語としての日本語 (Japanese as a foreign language) ……………89
外発的動機づけ (extrinsic motivation) ……………………………164
回避 (avoidance) ………………5, 6
学習者中心 (learner-centered) ……158
学習スタイル (learning style) ……149, 151-157
学習ストラテジー (learning strategy) ……………………147, 170-173
確信（ビリーフ）(belief) ………186
過剰（一）般化 (overgeneralization) ……………………………4
化石化 (fossilizasion) ……………19
仮説検証 (hypothesis testing) ………65
干渉 (interference) ……………26
間接的否定証拠 (indirect negative evidence) ……………………68
気づき (noticing) ………………69, 70
気づき仮説 (noticing hypothesis) …69
逆行 (backsliding) ………………46
教室習得 (classroom acquisition) …77
教師誘導の誤り (teacher-induced error) ……………………………5
教授可能性仮説 (teachability hypothesis) ……………………48, 52
強制アウトプット (pushed output) ……………………………64, 106
均衡バイリンガル (balanced bilingual) ……………………130
グローバル・エラー (global error) ……………………………4, 117
継起バイリンガル（継続バイリンガル）

(sequential bilingual) ……………130
形態素習得順序 (morpheme (acquisition) order) ………39, 40
言語間の誤り (interlingual error) …3
言語間の距離 (language distance) ……………………………………25, 27
言語内の誤り (intralingual error) …3
肯定証拠 (positive evidence) …67, 113
肯定的フィードバック (positive feedback) ……………………104
コミュニカティブ・アプローチ (communicative approach) ……97
コミュニケーション・ストラテジー (communication strategy) ……………………………166, 170
コミュニケーション能力 (communicative competence) ………………………………………166
誤用分析 (誤答分析) (error analysis) ………………………………………3-7
語用論的転移 (pragmatic transfer) ………………………………………32, 66

さ

再構築 (restructuring) ………………18
敷居仮説 (閾仮説) (threshold hypothesis) …………………………133
自然習得 (naturalistic acquisition) ……………………………………49, 77
自然な順序 (natural order) …………40
自然な順序の仮説 (natural order hypothesis) ……………40, 50, 58
自動化 (automatization) ……63, 70-72
自動化モデル (automatization model) ………………………………………76
社会言語 (学的) 能力 (sociolinguistic competence) …………62, 65, 166
習得・学習仮説 (acquisition-learning hypothesis) ……………………57
習得順序 (acquisition order) ……39, 45

出現 (emergence) …………………41, 49
情意フィルター仮説 (affective filter hypothesis) …………………59, 173
使用頻度 (frequency) ………14, 81, 82
処理指導 (processing instruction) …95
正の転移 (positive transfer) ………25
正用順序 (accuracy order) …………41

た

対照分析仮説 (contrastive analysis hypothesis) ……………………………2
第二言語としての日本語 (Japanese as a second language) ……………89
ダブル・リミテッド (double limited) ………………………………………133
談話能力 (discourse competence) ………………………………………166
中間言語 (interlanguage) …………8, 11
中間言語分析 (interlanguage analysis) ………………………………………7
直接法 (direct method) ……………140
ティーチャートーク (teacher talk) ………………………………………86
訂正フィードバック (corrective feedback) …………………………104
定着化 (stabilization) ………………20
適性 (aptitude) ………137-139, 143-146
適性処遇交互作用 (aptitude treatment interaction) ……………144, 151
転移 (transfer) ……………………25
典型性 (typicality; prototypicality) ………………………………………33, 34
動機づけ (motivation) ………161-165
道具的動機づけ (instrumental motivation) ………………161-163
統合的動機づけ (integrative motivation) ………………161-163
同時バイリンガル (simultaneous bilingual) ……………………130
投射モデル (projection model) ……118

な

内発的動機づけ（intrinsic motivation）
　…………………………………164
2言語基底共有仮説（common underlying proficiency hypothesis）……………………………131
日常言語能力（Basic Interpersonal Communication Skills）………131
認知学習言語能力（Cognitive Academic Language Proficiency）
　…………………………………131
認知スタイル（cognitive style）……149
ノン・インターフェース（non-interface）………………………76

は

場依存（field dependence）…………150
バイリンガリズム（bilingualism）…130
バイリンガル（bilingual）……129, 130
発達順序（developmental sequence）
　…………………………………44-46
発達相互依存仮説（developmental interdependence hypothesis）…134
発達段階（developmental stage）
　………………………47, 48, 51-53, 121
場独立（field independence）…149, 150
否定証拠（negative evidence）………67, 113, 114
否定的フィードバック（negative feedback）……………………104
不安（anxiety）…………………173-175
フィードバック（feedback）……67, 103
フォーカス・オン・フォーム（focus on form）……………………100-103
負の転移（negative transfer）………26
プロンプト（prompt）……………108, 111, 114, 115
分布の偏りの原則（principle of distributional bias）……………15
文法能力（grammatical competence）
　…………………………………166
偏重バイリンガル（dominant bilingual）……………………130
方略的能力（strategic competence）
　…………………………………166

ま

ミステイク（mistake）…………………4
明示的知識（explicit knowledge）
　……………………………76, 99
目標言語（target language）…………2
モニター（Monitor）………………58, 59
モニター・モデル（Monitor Model）
　……………………………………57
モニター仮説（monitor hypothesis）
　……………………………………58
モノリンガル（monolingual）………130

や

余剰性（redundancy）……………81, 83

ら

理解可能なインプット（comprehensible input）………59
リキャスト（recast）…………101, 102, 105-106, 108-112
臨界期仮説（critical period hypothesis）………………125, 126
ローカル・エラー（local error）……4, 66, 117

わ

ワーキング・メモリー（作業記憶）（working memory）…………141

著者
大関　浩美（おおぜき　ひろみ）
東京生まれ。早稲田大学第一文学部卒業。お茶の水女子大学人間文化研究科博士前期・後期課程修了。博士（人文科学）。アーク・アカデミー等の日本語学校非常勤講師、東京大学留学生センター特任講師等を経て、麗澤大学外国語学部・同大学院言語教育研究科准教授。専門は第一・第二言語習得、日本語教育。著書に『第一・第二言語における日本語名詞修飾節の習得過程』（単著、くろしお出版）、『フィードバック研究への招待』（編者、共著、くろしお出版）、主要論文に「日本語学習者の連体修飾構造習得過程」『日本語教育』121、Does the noun phrase accessibility hierarchy predict the difficulty order in the acquisition of Japanese relative clauses? *Studies in Second Language Acquisition, 29*（共著）などがある。

監修
白井　恭弘（しらい　やすひろ）
東京生まれ。上智大学外国語学部英語学科卒業。カリフォルニア大学ロサンゼルス校(UCLA)修士課程(英語教授法専攻)、博士課程(応用言語学専攻)修了。Ph.D. (応用言語学)。大東文化大学外国語学部英語学科助教授、コーネル大学アジア研究学科准教授、ピッツバーグ大学言語学科教授等を経て、ケース・ウェスタン・リザーブ大学教授。言語科学会(JSLS)前会長。専門は言語学、言語習得論。著書に『外国語学習に成功する人、しない人』（岩波科学ライブラリー）、『外国語学習の科学』（岩波新書）、*Handbook of East Asian psycholinguistics: Japanese*（Cambridge University Press, 共編著）などがある。

日本語を教えるための
第二言語習得論入門

発行	2010年6月10日　初版第1刷発行
	2021年4月9日　　第8刷発行
著者	大関浩美
監修	白井恭弘
装丁	折原カズヒロ
発行人	岡野秀夫
発行所	株式会社　くろしお出版
	〒102-0084　東京都千代田区二番町4-3
	TEL 03-6261-2867　FAX 03-6261-2879
	http://www.9640.jp
	E-mail: kurosio@9640.jp
印刷所	株式会社　シナノ

© Hiromi Ozeki 2010, Printed in Japan
ISBN 978-4-87424-480-7 C1081

●乱丁・落丁はおとりかえいたします。本書の無断転載・複製を禁じます。